Действуя в изобилии

Приготовьтесь открыть дверь в Божественную тайну

с помощью 22го Псалма

ADONIJAH O. OGBONNAYA, PH.D.

АДОНИЯ О. ОГБОННАЙЯ,

доктор философии

ДЕЙСТВУЯ В ИЗОБИЛИИ

Адония О. Огбоннайя, доктор философии,

Второе издание.

Aactev8 International1020 Victoria Ave. Venice, CA 90291

www.aactev8.com

Опубликовано Seraph Creative 2024

Под редакцией Кэти Стрекер

Библиотека Конгресса США

Алхимия, молитва, обеспечения, личностный рост, духовность. Молитва Господня, воля, воля человека, воля Бога, Царство Божье, небеса, прощение, искушение, духовная сила, преобразование, изучение Библии.

Цитаты из Писания взяты из Новой американской стандартной Библии, если не указано иное.

ESV, NIV, NKJV, KJV

Обложка от Feline Graphics

Верстка, иллюстрации и макет от Feline

www.felinegraphics.com

Переведено Yuri Shcheglov

СОДЕРЖАНИЕ

אתה

ПРеДИСлОВИе

Когда я впервые проповедовал эти послания в нашей местной церкви в Венеции, Бог обещал мне, что во время моих проповедей Он покажет людям сердце изобилия, и что наше сообщество и глобальная семья перейдут на более высокий уровень изобилия. Я хочу сказать, что эта книга не только о деньгах, финансах или даже о бизнесе, она написана, чтобы помочь вам стать человеком щедрости. Завершая эту книгу, я испытываю благоговение перед Богом и Его планами, когда в разгар пандемии «Ковид-19» на земле воцарились страх и недостаток.

Я верю, что во время чтения этой книги Бог изменит операционную систему вашей жизни и поможет стать человеком изобилия в каждой её сфере. Для этого я использовал структуру хорошо известного многим 22-го Псалма. Однако, открывая скрытые тайны этого Псалма, позвольте пролить свет на ваш путь так же, как для мня это сделал Бог.

Я убежден, что эта книга даст вам ключи к свободе, которые останутся с вами на протяжении всей жизни. Как Божий друг Давид научился Его путям, так и вы можете ходить теми же путями, чтобы прийти в место нессякающего источника живой Божьей воды для каждой сферы жизни.

Мы служим Богу, который щедро одарил нас изобилием, отдав Своего единственного Сына Иисуса Христа не только Спасителем мира, но и Отцовский даром Своим детям. Этим Он говорит человечеству: «Я ценю вас больше золота и серебра, я ценю вас больше, чем Моё творение. Я мог бы показать всю Мою любовь только одним тем, что послал к вам Сына, для того чтобы открыть само сердце щедрости».

Я молюсь, чтобы во время изучения путей праведности в этой книге Бог благословил вас. Пусть Дух Премудрости наделит вас мудростью ходить путями благословений ваших поколений, поменяв частоту вашей жизни на радость, надежду, трепет и благоговение перед Божьим обеспечением. Да благословит и сохранит вас Бог.

Шалом,
доктор Адония О. Огбонная

КАк чИТАТЬ ЭтУ КНИГу

Псалом 22, вероятно, один из самых известных и любимых библейских отрывков всех времен. Мы обращаемся к нему, когда взываем к Отцу во время нужды. Даже если этот псалом всегда под рукой, доктор Огбоннайя утверждает, что в нём содержатся значительные истины и тайны пока ещё не понятые, не применённые нами в отношениях с Богом, и потому не действующие в жизни, хотя в ней есть всё Его обеспечение для нас.

Книга «Действуя в изобилии» отправляет нас в путешествие, раскрывающее тайны Псалма 22, которые проникает в мир открытий истинной сущности сердца нашего Отца. Доктор Огбоннайя путешествует по тем же тропам, по которым шёл сам Давид, чтобы помочь нам понять природу Бога и Его страстное желание достичь нас Своей неиссякаемой любовью. По пути доктор Огбоннайя делает остановки, чтобы раскрыть и объяснить скрытые уровни значения ключевых слов и фраз псалма. Он объясняет, как гематрия букв на иврите обогащает и подтверждает более глубокие истины о доброте и милости Бога.

Приготовьтесь отправиться в это путешествие, вооружившись молитвой и духом для разрушения старых парадигм и образа мышления. Готовьтесь открыть для себя ещё больше благости нашего Отца и воспользоваться бесконечными возможностями Его вечного обеспечения. В конце книги есть таблица еврейского алфавита «Алеф-бет», которая поможет вам вместе с доктором Огбоннайя разобрать на составные части определенные слова и выражения.

Приготовьтесь распахнуть двери Божественных тайн!

Псалом 22

(перевод Короля Иакова (NASBKJV)

Господь – Пастырь мой

Псалом Давида

1Господь – пастырь мой; я не буду нуждаться:

2Он устраивает мне ложе на злачных пажитях; Он водит
меня при тихих водах,

3Он восстанавливает душу мою; Он ведёт меня путями
правды ради имени Своего.

4И хотя я пойду долиною смертной тени, но не
убоюсь зла, ибо Ты со мною; жезл Твой и посох Твой
успокаивают меня.

5Ты готовишь предо мною стол пред лицом врагов
моих; помазываешь елеем голову мою; чаша моя
переполняется.

6Благость и милость будут сопровождать меня во все
дни жизни моей, и в доме Господнем я буду жить
вечно.

אתה

ГЛАВА 1

НАШ ВЕЗДЕСУЩИЙ ОБЕСПЕЧИТЕЛЬ

Человек тысячелетиями был приучен верить в то, что в мире всего недостаточно, и происходит это потому, что мышление недостатка живет в нём самом. Эта вера в значительной степени является основой всех войн и борьбы (я начинаю рассматривать некоторые из великих войн, которые велись в мире...)

Большинство из войн были связаны с экономикой. Многие страхи и тревоги возникают из-за недостатка средств. Семейные ссоры часто связаны с обеспечением или его отсутствием. Кажется, даже если у нас будет всё, мы продолжим думать, что этого недостаточно. В нашей психике укоренилась идея, что нам всегда будет чего-либо не хватать. Мы утвердились в том, что если мы чего-то не видим, то значит этого нет. Другими словами, тенденция одухотворять и материализовывать наш недостаток приводит к непониманию того, что происходит за пределами видимого. Более того, нас учили: всё, что мы имеем или что с нами произошло в жизни, заработано нашим трудом. Это явная ложь! Наше мышление и убеждения основаны на многих ложных предположениях, связанных с собственным пониманием обеспечения.

После того, как Моисей вывел Израиль из Египта в пустыню, евреи начали жаловаться и просить обеспечения у другого бога. Если еврейский народ уже жил в пустыне с Божьим обеспечением, то зачем ему просить об этом кого-то другого? Это говорит о системе верований, которая выработала привычку к недостатку, и потому самого Бога им уже было недостаточно. Народу нужен был другой бог – видимый, которого можно было потрогать, с которым можно было поиграть во что-то и меньшего, чем они сами. Между тем, они вышли из Египта только благодаря многочисленным Божьим обетованиям, обеспеченными всем необходимым.

Бог не ставил никаких условий, когда выводил народ из рабства. Они не знали, а тем более не создавали кровь Агнца, которой потом помазали косяки дверей. И даже в ночь сверхъестественного освобождения были совершенно не в курсе того, что произошло – сам ангел Божий заставил египтян отпустить их. Всё, что с ними произошло – чудо Божественного провидения. Сам Бог в полной мере присутствовал в этом событии. Однако они были приучены верить в то, что в жизни не может всегда всего хватать, именно поэтому даже Его присутствия им было недостаточно.

Если чудо, совершённое Богом на Красном (Чермном – прим. пер.) море понимать с еврейской точки зрения, то оно становится реальным. Библия говорит, что Израиль вошёл в море, когда оно расступилось. Люди оказались в окружении воды, образовавшей водную стену сверху и с обеих сторон, так что дальше они шли как по туннелю. Сформированное в море отверстие раскрывает тайну того, что и как сделал Бог. Вода, образовав еврейскую букву ה «Хей», означающую дверь в другое измерение, открыла для них выход. Это значит, что войдя в туннель, Израиль попал в другую реальность.

> Мы можем проходить в жизни то же самое, что и люди рядом с нами, но в зависимости от нашего мировоззрения, мы выживаем, а другие – нет.

«Ангел Божий, шедший перед станом Израиля, двинулся и пошёл позади них; и столп облачный двинулся от них и стал позади них. И стал он между станом Египетским и станом Израильским; и было облако вместе с тьмою, но давало свет ночью. Таким образом, один не приближался к другому всю ночь». Исход 14:19-20 NASB (Новая американская стандартная Библия).

Есть много комментариев еврейских отцов к этому чуду. В них говорится, что с помощью сочетания еврейских букв и имени Бога Моисей смог создать ангельскую структуру для того, чтобы поднять воду и встать между евреями и египтянами. Бог дал им понять, что они находятся в состоянии вечности, в бесконечности. Не было на этом пути ничего, чем для них не смог бы стать Бог. Израиль вышел из туннеля в другое измерение. И этот туннель привёл их на другую сторону Красного моря, а египетская армия оказалась далеко позади. Писание говорит, что когда Израиль переходил на другую сторону, Бог утяжелил колеса египетских колесниц так, что тьма, образовавшаяся между одной и другой стороной, не позволила им продвинуться дальше.

Это ещё раз доказывает, что Израиль фактически вошёл в другое измерение. Только выйдя из водного туннеля, народ узнал и понял, что может войти в другую реальность. Это означает, что мы можем находиться в одинаковых с другими людьми обстоятельствах, но в то время как чьи-то «колёса тяжелеют», наши легко преодолевают всё. Мы можем проходить в жизни то же самое, что и люди рядом с нами, но в зависимости от нашего мировоззрения, мы выживаем, а другие – нет.

И даже когда израильский народ вышел из туннеля на сушу, его на каждом шагу ожидала помощь Бога, потому что Он не менял природу процесса обеспечения. Применяя ту же ангельскую структуру, как с водой, Бог начал использовать её и вокруг израильского стана. Примером тому может служить огненный столп ночью и облачный – днём. Это тот же самый процесс обеспечения, который защищал Божий народ от страха того, что могло пойти против них. И когда евреи обратились к Богу уже в пустыне, Его присутствие дало им обеспечение пищей и кровом.

Если вы действуете из состояния недостатка, вы никогда не сможете быть в покое. Решением проблемы беспокойства может стать изменение взгляда на Божью способность обеспечить вас. Давид сказал: «Они ели пищу ангелов».

> Если вы действуете из состояния недостатка, вы никогда не сможете быть в покое.

Иисус сказал: «Я есмь хлеб в пустыне». Бог хотел, чтобы Израиль понял, что они, хоть и были рабами, народом, живущим в недостатке, им не нужно было беспокоиться о пропитании.

Вопрос недостатка касается не только еды, но и всего, что поддерживает жизнь. Если мы начинаем смотреть на всё с позиции недостатка, то все вокруг нас будут казаться несовершенными. Мы никогда не будем удовлетворены тем, что кто-то что-то для нас делает.

Бог всегда демонстрировал Израилю главный принцип достатка или изобилия – всего будет хватать! Если бы Израиль понимал доступное ему от Бога обеспечение, то был бы всегда удовлетворён. Когда мы понимаем, что всего достаточно, тогда мы и можем испытывать удовлетворение. А если мы удовлетворены, мы можем любить наших братьев и сестёр. Как только мы перестаем воевать против наших супругов, представление о недостатке становится нецелесообразным. Если же мы не удовлетворены тем, что имеем, мы постоянно будем искать вокруг себя то, чего нет, следовательно, жить с чувством пустоты и нехватки. Этот мир, построенный на чувстве недостатка, сформировал нашу веру на основании того, о чём мы думаем и чем живём. Фундаментальное чувство недостатка создает идолов, которые становятся нашими стражами, хотя они и меньше нас.

Всякий раз, когда мы думаем, что нам чего-то не хватает, мы живём в страхе и тревоге, которые заставляют нас воспринимать людей как вещи или объекты. Без активного самоанализа мы начинаем считать себя тем, кем не являемся. Наша цель – быть не ангелом, а человеком, способным исследовать причину, по которой мы ведём себя с другими так, как ведём. Самоанализ даёт понимание, что покаяться нужно нам, а не другим. Заставлять других каяться не наша задача. Скорее мы должны исправлять себя и хранить внутри такое состояние, которое позволит нам увидеть Бога каковым, каков Он есть, и что Он относится к нам непредвзято и не из концепции недостатка.

Одна из причин, которая заставляет нас действовать в мышлении недостатка, заключается в том, что мы не осознаем, что Бог всегда рядом. Бог для человечества – пастух для овец. В овцеводстве пастух всегда должен находиться среди овец независимо от того больны они или здоровы. Вот почему от пастуха всегда пахнет овцами.

Итак, Бог несёт в Себе всё обеспечение во Вселенной; из Его внутренней сущности Вселенная появилась на свет, постоянно создаются новые миры, также были сотворены и мы. Потому разумно принять факт, что мы несём в себе такое же точно Божественное обеспечение, как и всё остальное творение.

Создавая на земле человека, Бог сначала вылепил из глины тело, затем вдохнул в него Свое дыхание, отчего тот стал живым. Именно Божье дыхание вводит Его сущность во всё наше существо, и тогда всё, что находится внутри Бога, становится доступно нам. Его дыхание даёт нам жизнь, и когда мы дышим, мы вдыхаем Его полноту. Взаимосвязь нашего с Богом дыхания означает, что у нас есть всё необходимое от Него.

С точки зрения еврейской онтологии у человека есть как верхняя душа, так и нижняя. Нижняя душа, которую Бог вдохнул в человека, называется «нефеш». Это дыхание Самого Бога и относится оно как к «нефеш» человека, так и животных. Однако дыхание человека не просто физическая функция, а напоминание Бога о полноте Его бытия, которое должно быть в нас. Автор Екклесиаста писал: «Где дыхание, там и надежда» — эта фраза также относится к взаимосвязи дыхания между Богом и человеком.

«Господь — пастырь мой; я не буду нуждаться».

Желание происходит от внутреннего чувства недостатка. Давид писал: «Я не буду хотеть/не иметь недостатка/быть без/оставаться без» (в англ. «я не буду нуждаться» звучит «I shall not want» — не буду хотеть/желать/нуждаться — прим. пер.) Слово «хотеть» — это еврейское слово «ахсар», которое можно перевести как «я не буду хотеть» или «у меня никогда не будет пустой руки». Наши руки ценны, потому что в них записаны свитки судьбы. Все древние люди верили в это. Именно этот самый свиток судьбы гадатели пытаются прочесть по ладони. В Псалме 90:12 Библия говорит, что ангелы будут носить нас на руках. Никто не может отменить запись Божьего намерения, начертанную на ладони. Выражение «Я буду» используется как императив, как заверение Яхве, где все записи гарантируют Его божественное намерение о нас, которое согласно Писанию — благая воля.

Если мы действуем из состояния недостатка, мы никогда не сможем быть в покое. Ответ на наше беспокойство — изменение взгляда на Божью способность обеспечивать нас.

«Он ведет меня к водам тихим».

Единственное место, где существуют тихие воды — это тронный зал. В книге Откровений Иоанн, увидев Божий престол, сказал, что море было как стекло. На нём не было никакой ряби. Давид знал, что в этом море есть тихие воды, потому что побывал там. Как и написано во 2 Царств 23:1: «Давид, сын Иессеев, человек, который был взят на небо» («поставленный высоко» в синод. пер. — прим. пер.)

Бог забрал у нас все оправдания того, что мы ходим в недостатке. Мы утверждали, что дьявол — наша проблема, а Бог победил его на кресте. Мы говорили, что проблема в нашем грехе — Он отдал Свою кровь, чтобы смыть наш грех. Мы говорили, что виновата тьма — Бог сделал нас светом. Мы утверждали, что у нас нет друзей — Бог стал нашим другом и окружил нас ангелами. Когда мы забываем истину, что Яхве наш вечный Кормилец и мы всё получаем от Него, то мы продолжаем действовать из недостатка.

אתה

ГЛАВА 2

НА ЗЛАЧНЫХ ПАЖИТЯХ

Все системы в мире созданы на идее недостатка ресурсов, которая основана на скрытом чувстве беспокойства.

В основе большинства социальных систем таких, как политика и экономика, лежит концепция дефицита. Экономическая система основана на идее ограниченности земных ресурсов, а также на том, как эти ресурсы контролировать и распределять, чтобы ни один человек или группа не получили слишком много. Следуя этой парадигме, мы приучились действовать с позиции нехватки и дефицита, которые в конечном итоге влияют на всё.

В Псалме 22 Давид написал: «Господь – пастырь мой; я не буду нуждаться». Этот стих говорит о том, как Давид научился жить без чувства нехватки, и это отсутствие ощущения недостатка легло в основу его жизни. Мы должны быть похожими на Давида и действовать из такого состояния, когда наша жизнь течёт из источника изобилия. Дело не в том, что недостатка нет как такового, а в том, что нет ощущения недостатка. В псалме говорится: «Я не буду нуждаться». Этим выражением Давид показал, что он поместил идею или чувство изобилия вовнутрь себя. Если мы справимся с ментальной структурой скудости или недостатка, это откроет нас для потока изобилия.

Давид писал о Господе как о своем пастухе. Еврейское слово «пастырь» в Псалме 22 – «раах» (רָאָה) – это удивительное слово, и означает оно нечто большее, чем пастух, заботящийся о своих овцах. Здесь его можно перевести так: «Господь – мой путь видения». Вспомним, что Авраам назвал Господа «Ире», потому что «Ире», (יִרְאֶה) означает видеть, хотя часто можно встретить другую трактовку – «обеспечение». Таким образом, «Иегова-Ире» не несёт смысла «Господь – мой кормилец», но «Господь видит и является путём видения».

Когда Бог создавал мир, Он сначала говорил, потом видел. Это важно, потому что наша жизнь определяется как тем, что мы говорим, так и тем, как мы видим. Псалом 22 можно прочитать так: «Господь – путь зрения моего; я не буду нуждаться». Когда мы видим так, как видит Бог, это открывает нашу внутренность для переполнения изобилием. Каждый человек несёт в своей внутренности полную запись Божественного обеспечения. Пока человек не видит так, как видит Бог, он всегда будет видеть с точки зрения нехватки, как был когда-то научен.

Отдых – это не сон; отдых – это необыкновенное спокойствие и внутреннее умиротворение, когда внутри нас ничто не волнует.

Отдых – это не сон; отдых – это необыкновенное спокойствие и внутреннее умиротворение, когда ничто внутри нас не волнует.

Давид писал: «Он водит меня на злачные пажити».

«На покрытых травой полях Он дает мне возлечь и отдохнуть». Этот стих раскрывает принципы и технологию для использования и высвобождения изобилия внутри нас. Если чувство нехватки вызывает тревогу и беспокойство, то чувство изобилия вызывает покой.

Вероятно, причина нашего беспокойства кроется в следующем: мы сосредотачиваемся на том, чего у нас нет, на том, чего, возможно, у нас никогда не будет, или на том, что другие получили что-то, но это что-то закончится раньше, чем у нас появится на это свой шанс. Идея дефицита похожа на модель поведения менеджера по продажам: успейте купить, пока не закончилось! Это последняя распродажа в этом году! Каждая реклама кричит о том, что если не торопиться и ничего не предпринимать, то скоро вообще всё закончится. На следующий год мы точно так же реагируем на ту же самую рекламу.

«в обитании **покрытых травою лугов Он дает мне покой»**

Этот принцип отдыха является технологией высвобождения изобилия. Его можно назвать также свитком изобилия Божественности, который был в разуме и намерении Бога до того, как Он создал нас. Заметьте, что отдых следует отличать от состояния сна. Отдых – это необыкновенное спокойствие и внутреннее умиротворение, когда нас ничто не волнует. Покой — это пребывание в эпицентре бури, где нет даже колебаний волнения, хотя вокруг всё бушует. Так происходит тогда, когда мы, зная себя, пользуемся этим способом видеть всё в правильной фокусировке. Результат всегда зависит от выбранной перспективы взгляда. Например, смотря на что-то ужасное, мы можем испытывать либо беспокойство, либо наоборот находиться в полном покое от увиденного.

Бог говорил о состоянии покоя ещё в книге Бытие. Библия изобилует фразами о покое, например, «Я дам вам покой», однако здесь не имеется в виду прекращение работы или деятельности — это о внутреннем состоянии.

В Африке великим танцором считается тот, у кого подвижны все мышцы и конечности тела, но при этом его туловище остается неподвижным. Европейцы говорят, что настоящий танцор тот, кто обладает грацией, и если она есть, то его движения становятся легко парящими. Хорошо найти такой танцевальный центр и несмотря ни на что остаться там. Это не то же самое, что сидеть дома у телевизора с буррито и кока-колой — это не отдых, а лень. Настоящий отдых — в глубине вашего существа, и он не имеет ничего общего с ленью. Слишком много верующих думают, что отдых — это прекращение всех дел, но хорошие воины находят покой внутри себя.

Даже Бог пребывает в покое. И хотя Иисус сказал в Иоанна.5:17: «Отец Мой доныне делает, и Я делаю», тем не менее Библия утверждает, что и Бог отдыхает. Это тайна. Он одновременно и работает, и покоится — вот кто такой Бог! Идея покоя, вероятно, является одним из величайших ключей к разгадке глубины того, что находится внутри нас, и подтверждается выражением «будьте спокойны и ни о чём не тревожьтесь». Один из способов узнать в себе состояние покоя — это абсолютная уверенность в чём-то, независимо от происходящего вокруг. Вера — это не ментальное возбуждение, а выражение покоя. Многие же превратили свою веру в — «ты должен верить!» Воистину, вера, которая действует из покоя, более сильна, чем вера, действующая из вечной занятости. Бог сказал об Израиле: «Я не введу их в покой Мой, потому что они не веруют». Итак, вера создает покой, а покой рождает веру. Если мы не верим, то и не будем в покое. Если у нас нет покоя — не будем верить.

> Идея отдыха — это, вероятно, один из величайших ключей к раскрытию глубины находящегося внутри вас чувства, «будьте спокойны и ни о чём не тревожьтесь».

Давид сказал: «Он водит меня к тихим водам» (англ. «у тихих вод» — прим. пер.). Слово, которое используется для обозначения «рядом с чем-то» на иврите звучит как ‘ал (עַל) и означает — «на» или «парить над» водой, а не «рядом с водой». Здесь выражение «Он ведёт меня по водам, по водам тихим» следует понимать не в смысле «идти по реке», а — «быть на реке, находиться в центре реки или парить над ней». Давид не имел в виду, что Бог ведёт его по земным водам рек, поскольку все воды на земле неспокойные. Он имел в виду море на небесах, потому что это единственное место, где есть море, полное безмятежности. В Откровении 15:2 сказано: «Я видел море, и оно было тихое и гладкое, как стекло» (РСП «И видел я как бы стеклянное море» – прим. пер.), но стеклянное море не в прямом значении, а похожее на стекло, потому что оно было совершенно неподвижным. На нём не было никакой ряби, что бы с ним ни происходило, что бы на нём ни делалось. Оно находится в месте вечности, а не в земном измерении. Ничто не могло бы взволновать его. Это море неизменности. Если Бог помещает нас туда, и мы движемся по этому морю, то времена года, перемены, превратности жизни не имеют для нас значения, потому что мы живём у самого источника жизни. Кроме того, вода – символ изобилия, а море – источник изобилия, так как в нём обитает больше существ, чем на суше. Когда Иаков благословлял одного из своих сыновей, он сослался на образ моря: «Изобилие моря придёт к тебе».

Богатство не приходит извне, оно приходит изнутри!

Быть на море означает наше пребывание в том месте, откуда Бог высвобождает на землю изобилие независимо от нашего возраста, национальности, этнической принадлежности, физических особенностей и т.д. Наше место не в море, а на поверхности моря – это место владычества и управления в покое.

Покой — это место или состояние спокойствия, которое производит изобилие без волнения.

Пример — Франция, одна из первых стран, предоставивших работникам выходные дни. Когда страна ввела эту практику, многие говорили, что её ждёт экономический крах. Однако вскоре было обнаружено, что чем больше отдыхали люди, тем больше росла производительность труда. В результате французы сделали вывод, что когда работники отдыхают, они возвращаются на рабочее место с большей энергией. Предоставление всем работникам обязательных выходных дней теперь является законом в этой стране. Профессиональные психологи в организациях знают, что после трехчасовой работы подряд сотрудникам необходим перерыв особенно при физической нагрузке.

Естественному закону присущ принцип отдыха, который ведёт к процессу обновления. Когда мы работаем в состоянии покоя, мы активируем в себе изобилие, которое и восстанавливает душу. Давид сказал: «Он восстанавливает (РСП «подкрепляет» — прим. пер.) душу мою». Покой — это восстановительный процесс, который омолаживает нас. В процессе омоложения мы каждый раз производим что-то новое, и это дает нам доступ к нашему бессознательному. Пока мы не находимся в покое, наше бессознательное недоступно нам. В противном случае мы действуем из своего подсознания, куда поместили весь свой беспорядок, основанный на боли и плохом опыте. Следовательно, мы не можем получить доступ к божественной записи нашей души, которая пришла вместе с нами с небес. Общество приучило нас действовать в перспективе беспорядка. Именно беспорядок склоняет нас от покоя к беспокойству и блокирует доступ к состоянию покоя. Однако мы достигаем божественного сознания только тогда, когда отдыхаем.

Мы сами являемся изобилием. С точки зрения капитализма работодатели платят нам за выполненную работу. В действительности нам платят не за то, что мы на кого-то работаем, а за то, что мы несём. Мы берём то, что находится внутри нас, и отдаем это кому-то, а он платит нам деньги. Богатство не приходит извне, оно приходит изнутри. Единственный способ обрести богатство — это прийти в покой. Иисус сказал: «Придите ко Мне все труждающиеся и обремененные, и Я дам вам покой». Далее Библия говорит, что мы должны потрудиться (РСП «постараться» — прим. пер.), чтобы быть в Его покое и сосредоточиться на том, чтобы прийти в место покоя.

אתה

ГЛАВА 3

СТЕЗИ ПРАВЕДНОСТИ

Наша основная проблема заключается в том, что нас приучили к концепции дефицита.

Нас воспитывали с мыслью о том, что всё однажды заканчивается. Это фундаментальная проблема не позволяет нам действовать и возрастать в полноту Отцовства. Концепция нехватки настолько укоренилась в нашем мышлении, что мы склонны думать, что у Бога чего-то недостаточно. Многие не желают отказываться от этого образа мышления. Я разговаривал с верующими, которые говорили мне такие вещи: «Есть много других людей, о которых Бог должен заботиться», «Я не хочу тревожить Бога», «Я не хочу беспокоить Бога» (я действительно консультирую людей, которые так говорят). Этот образ мышления прививается нам с самого рождения. В нашем обществе люди живут в условиях дефицита. Мы готовы убивать друг друга, потому что думаем, что нам чего-то недостаточно, ссоримся даже из-за вакансий, потому что поверили, что и они в ограниченном количестве. Два человека, ссорящиеся из-за вещей, которые, как они знают, Бог предоставляет в изобилии — показатель того, что они мыслят нерационально и не в соответствии с Божьей истиной. Это говорит лишь о том, что они приучены думать и действовать подобным образом, между тем мы пришли в этот мир с полным изобилием обеспечения Отца.

В действительности Бог не забирал обеспечение и у Адама. Он лишь сказал ему, что теперь придётся «попотеть», чтобы оно проявилось. Полное изобилие обеспечения Отца доступно, но мы должны потрудиться, чтобы оно проявилось, и получить к нему доступ. Начнём с того, что утвердим факт изобилия внутри нас, исходя из этого, начнём двигатся к его проявлению и будем действовать и жить в нём. Бог не является Богом недостатка или скудости. Он не истощится к тому моменту, когда придёт наша очередь для проявления избытка.

Если мы действительно верим в это, то восприятие нашей жизни будет отличаться от того, как мы ведём себя сейчас. Давид сказал: «Господь — пастырь мой; я не буду нуждаться» (англ. «желать/хотеть» — прим. пер.). Слово «хотеть» здесь не означает, что мы будем постоянно ощущать нехватку чего-то, что нам не было предоставлено.

Нам не надо беспокоиться о том, что не входит в наши обязанности. Если Бог — пастух, то это Его ответственность привести овец к месту пропитания. Обязанность овец в том, чтобы есть, оказавшись на пастбище. Овцы не сажают траву, для них она всегда готова и её достаточно. У нас также есть полное обеспечение, и только наше восприятие создает преграду между доступом к нему и потоком, направленным Божьим. Чтобы предоставить доступ к обеспечению, Бог даёт нам зелёные пастбища и ведёт нас к тихим водам. Он восстанавливает наши души и направляет нас по путям праведности ради Своего имени. Давид писал: «Он ведёт меня», или на иврите: «Он увлекает меня». Увлекать не означает принуждать. Первоначально это слово использовалось для обозначения направления и помощи кому-то жестами доброты, чтобы привести человека к месту его назначения, побудить его двигаться в определенном направлении. Мы должны позволить Богу направлять нас, чтобы получить доступ к изобилию. Руководство — это не принуждение. Бог не заставляет нас идти даже туда, где есть изобилие. Бог действует так: Он показывает что-то и даёт нам понимание, поэтому, чтобы узнать, где находится изобилие, наши глаза должны быть открыты.

Когда Авраам был на горе, он что-то увидел (Быт. 22:14). Текст на иврите повествует, что Авраам назвал это место «Иегова-Ире». Ранее мы обсуждали, что «Иегова-Ире» означает «Господь позаботится об этом» или «Я позабочусь об этом», а не «Господь обеспечит». Авраам назвал это место «Иегова-Ире», потому что для него оно означало «на горе будет видно». Это показывает также, что ключом к обеспечению является наша способность увидеть. Другими словами — реальность обеспечения находится вокруг нас. Каждый день люди зарабатывают деньги, собирают богатство, и для этого существуют принципы, технологии и другие возможности, которыми они пользуются, однако не все их видят. В действительности всё это не будут иметь значения, если люди не смогут увидеть и получить к ним доступ. Нам нужно научиться видеть по-настоящему, потому что только это утвердит, подтвердит и укоренит духовное начало в материальном.

Бог хочет, чтобы мы смотрели глазами веры, потому что именно она изменяет ситуации, превращая их в такие, с которыми мы можем справиться. Очень важно, что мы видим. Если ничего не видим, то ничего и не будет. Когда в поисках Божьего обеспечения мы говорим, что не видим, то именно это и получим. Иисус сказал Фоме: «Блаженны не видевшие, но уверовавшие» (Иоанна 20:29). Если мы говорим: «Пока не увижу, не поверю», то нам точно нужно увидеть, чтобы поверить, и увидеть не в физическом, но сначала в духовном мире.

Если для нас видеть значит верить, тогда нам надо молиться, чтобы научиться видеть. Если видеть это действительно наша проблема, то мы должны просить Бога дать нам увидеть.

Всё, что Бог вложил в нас, предназначено для привлечения изобилия.

И когда увидим внутренним взором, духом, душой, умом – тогда поверим, что исполнится, а если верим, то нет ничего невозможного для верующего.

Существует много способов увидеть изобилие изнутри. Как узнать, каким видом зрения мы обладаем, чтобы применять его для различения? Например, не все из нас видят духовные вещи и имеют духовную проницательность, но видеть чувствами может каждый и каждый способен ощутить то, что происходит рядом с ним. Таким людям необходимо научиться использовать свои ощущения как зрение и тренироваться в восприятии изобилия. Если они смогут почувствовать его внутри себя, то, скорее всего, смогут и увидеть. Однако мы сталкиваемся с проблемой тренировки чувствительности. Заключается она в том, что мы больше концентрируемся не на изобилии, а на бедности и недостатке, рассказывая себе истории о том, что всё закончилось, в доме нет денег, в шкафу пусто, нет еды и т. д.

Между тем так же как мы приучали себя чувствовать недостаток, скудость и бедность, можем научиться чувствовать изобилие. Некоторые утверждают, что Вселенная склонна давать нам то, что мы притягиваем к себе сами.

Всё, что Бог вложил в нас, предназначено для привлечения изобилия. Даже если мы можем использовать что-то не по назначению, происхождение изобилия само по себе не является злом. Если использовать его правильно и уместно, оно привлечёт то, что нужно нам в жизни. И так… наши чувства имеют свойство притяжения. Некоторые представители старшего поколения тратили время на развитие того, что они называли «магнетической личностью». Благодаря этой практике они чувствами притягивали то, чего желали. Мы можем сделать то же самое. Например, взять отрывки из Писания, в которых говорится об изобилии, и начать проговаривать слова так, чтобы наше физическое тело могло почувствовать его. Наши чувства влияют на всё, но прежде чем почувствовать что-то, нужно озвучить это. Нам доступно так много!

Мы не похожи на тех древних людей, которым приходилось издавать звук и ждать ответное эхо. Это одна из причин, почему конструкция древних соборов была звукоотражающей. Когда люди что-то говорили там, звук возвращался к ним эхом, а их тела вибрировали на определенной частоте — это открывало доступ к получению желаемого. Эхо в соборах — это не просто шум, а вибрационная частота, которая отражаясь от стен или купола, создаёт колебания в телах людей. Такая технология сегодня доступна и нам с вами. Например, мы можем сделать аудио записи мест Писания об изобилии, умножении и избытке и воспроизводить их во время сна. Лучше использовать не чужой, а свой собственный радостный и уверенный голос.

Бог призывает вас открыть глаза.

Но чтобы начать видеть, мы должны молиться. Во многих местах Писания есть примеры молитв людей, которым Бог помогал увидеть то, на что были закрыты их глаза — это Аггей, Саул, Иаков и Авраам. Авраам, получив ответ от ангела, посмотрел, увидел овна и взял его. Несмотря на этот пример, мы всё ещё что-то упускаем из вида, как и евреи, которые на протяжении многих поколений были бедными — самыми бедными людьми на земле. Они сильно обнищали, но Бог в течение 40 лет показывал им небесные богатства — то, в чём еврей мог бы увидеть причину для действия в изобилии. Мы часто поступаем так же, хотя Бог привёл нашу душу с небес, и она способна видеть небесные вещи и полноту того, что там есть.

В Псалме 22:3 Давид сказал: «Он ведёт меня стезями праведности». Много раз это слово цитировалось как «Он ведёт меня на стезю праведности», однако это не одно и то же. Путь один, но стезей много. Иисус перечислил некоторые из этих стезей в Нагорной проповеди. Они содержались также в заповедях Иисуса (главах 5, 6 и 7 Евангелия от Матфея). Иисус учил нас тридцати двум способам поведения не для того, чтобы мы просто применяли их, они — путь получения доступа к полноте. Мы отделяем заповеди блаженства от остальных заповедей в Евангелии от Матфея, потому что наше восприятие слишком зависимо от глав и стихов. Учение Иисуса было цельным, не разделенным на стихи, оно в действительности о том, как жить в полноте Бога и полноте небес. «Блаженны нищие духом, ибо они наследуют землю».

По сути, все притчи написаны о бизнесе и доступе к избытку и изобилию. Во многих из них речь идет о том, что человек видит что-то изнутри, понимает это, а затем начинает видеть то, что перед его глазами. Бог призывает нас открыть глаза. Он хочет вести нас и показать, как это сделать.

В Нигерии у людей есть поговорка «просияй своим глазом». Она означает — прежде чем увидеть, что происходит на самом деле, надо проснуться и прозреть. Наши глаза очень важны. Мы должны светить нашими физическими глазами, духовными глазами, глазами нашей души, нашего тела и внимательно слушать, как Господь ведёт нас во всех этих измерениях.

В Писании праведность напрямую связана с процветанием. Бог ведёт нас её стезями, но наше определение праведности не совпадает с Божьим. Правда в том, что мы знаем, что неправедны в своих путях, так или иначе, а хождение по путям праведности ещё не означает, что мы всё делаем правильно. В книге Исайя 35:8 Бог сказал, что Он построит дорогу, на которой даже калека или глупец не заблудится и не собьётся с пути. Если бы хождение по стезям праведности зависело от наших правильных дел, тогда многих вещей нам пришлось бы ждать вечно. Мы не должны продолжать так думать, потому что стезей праведности, путей привязанности и любви к Богу на самом деле очень много.

Притчи 8:1-3 гласят:

1. Не мудрость ли взывает, и не разум ли возвышает голос свой?

2. На вершинах высот, при дороге, где сходятся пути, стоит она.

3. У ворот, у входа в город, у дверей, она взывает (NASB).

При чтении этого текста мы понимаем высказывания Соломона о том, что если слушать голос мудрости, то придёт богатство и достаток. Богатство — это венец мудрого человека. Когда Бог дал Моисею заповеди для Израиля, он сказал: «Ибо такова мудрость твоя». Мудрость или Премудрость — это личность. В Писании Она упомянута как в женском, так и мужском образе. О Премудрости говорится — «она», Мудрость же — ваш первый советник. Она знала вас ещё до того, как ваша ДНК была воплощена на земле. Также в Библии сказано: «Иисус Христос — премудрость Божия» (1 Кор. 1:30), поэтому Мудрость — это и сын, и мать, она стала причиной того, что Иисус, будучи на кресте, сказал Иоанну: «Се Матерь твоя! Женщина, узри сына твоего!» По мнению древних, Мудрость говорит так, потому что она всегда беременна изобилием. Мудрость не является практической концепцией повелений, чтобы что-то сбылось. В начале книги Притчей Мудрость вообще ничего не строит (до 9-й главы кн. Пртч – прим. пер.), а только молится, играет и танцует в присутствии Бога. Истинная мудрость наслаждается тем, что делает Бог. Мы не сможем наслаждаться тем, что

Он делает, если озабочены тем, чего Он не сделал.

Мудрость не будет настаивать на своей правоте, особенно когда сталкивается с прагматиком.

Притчи 8: 22-31 гласят:

22. Господь владел мною в начале пути Своего, до Своих древних дел;

23. От века я была утверждена, от начала, от самых первых времен земли.

24. Когда не было глубин, я была произведена на свет, когда не было источников, изобилующих водою.

25. Прежде чем горы были устроены, прежде нежели холмы, Я была произведена на свет,

26. Когда Он еще не сотворил земли и полей, и первой праха земного.

27. Когда Он утвердил небеса, я была рядом, когда начертал круг на лице глубины,

28. Когда утвердил небеса над головой, когда источники глубин стали неподвижны,

29. Когда Он установил для моря границу его, чтобы вода не преступала Его повеления, когда Он начертал основания земли:

30. Тогда я была рядом с Ним, как мастер своего дела, и была я ежедневно Его наслаждением,

31. И радовалась всегда пред Ним, и радовалась миру, земле Его, и наслаждалась сынами человеческими».

Мудрость радовалась, когда ещё ничего не было. Она ликовала и танцевала, когда Бог что-то создавал. Она была рядом, когда Бог проводил круговую черту по лицу бездны, Она наблюдала за Его делами и ликовала вместе с Ним. Она радовалась с сынами человеческими ещё до того, как они появились на земле. Настоящая Мудрость всегда радуется тому, что Бог задумал делать или уже сделал, и никогда не будет жаловаться на то, что Бог не делает. Попросите Бога помочь вам прозреть, чтобы увидеть, где находится ваше изобилие. Вы будете потрясены, когда поймете, что Бог указывает на то, что оно в вас. Мы должны научиться видеть это. Один из путей праведности — это путь взаимосвязи между Богом и нами. Этот путь ведёт к полному изобилию, когда мы наслаждаемся и радуемся тому, что делает Бог.

Причина постоянной нехватки, бедности и ограниченности состоит в нашем неумении ценить то, что нам дано. Мы постоянно чего-то ищем, не понимая, что когда мы добавляем радость к тому, что уже имеем, тогда дверь изобилия для нас открывается ещё шире.

Приведём простой пример. Если дать ребенку доллар, он будет очень радоваться. Но если кому-то из его друзей достанется такая же купюра, тогда он забывает, что доллар у него уже есть, и начинает претендовать на купюру своего друга. Когда мы думаем, что нам недостаточно нашего, мы склонны вести себя как эти дети. Идея того, что мы сами являемся ключом к прорыву, процветанию и изобилию, полностью соответствует библейским принципам.

> Попросите Бога помочь вам прозреть, чтобы увидеть, где находится ваше изобилие. Вы будете потрясены, когда поймете, что Бог указывает на то, что оно в вас.

Нам нужно просить Бога помочь прозреть, чтобы увидеть, где находится наше изобилие, и Он укажет прямо на нас. Увидев это, мы обретаем мудрость, чтобы не учиться самим, как что-либо делать, а делать то, что делает Мудрость в присутствии любви. И когда мы радуемся тому, что имеем, хорошо отзываемся о том, что у нас есть, тогда даже самое малое становится для нас благоуханием. Для этого не нужен весь мир, нужно только семя и желание петь и радоваться даже посреди хаоса.

В этом сезоне Бог сказал мне: «Я хочу открыть Моему народу сердце изобилия». Он не обещал дать денег, Он сказал: «Я открою им сердце изобилия». В мире есть достаток, он не истощится, всем всего хватит. Бог не предопределял изобилию прекратиться сразу после нашего рождения. Независимо ни от каких обстоятельств изобилие, которое мы несём в себе, не истощается, и даже нынешние жизненные ситуации и сложности призваны лишь для того, чтобы потрясти нас и перевести на новый уровень. Мы должны сосредоточить свой разум и чувства на принятии изобилия. Нам нужно радоваться и ликовать о том, что оно уже в наших руках. Нам нельзя быть ленивыми, потому что ленивый человек не в состоянии прославлять Бога и поклоняться Ему за то, что имеет. Нужны сила и крепость, чтобы не жаловаться, когда всё внутри кричит: «жалуйся», и радоваться, когда всё пошло не так. Человек, поклоняющийся Богу, радующийся и ликующий о том, что у него есть, на самом деле является сильным человеком.

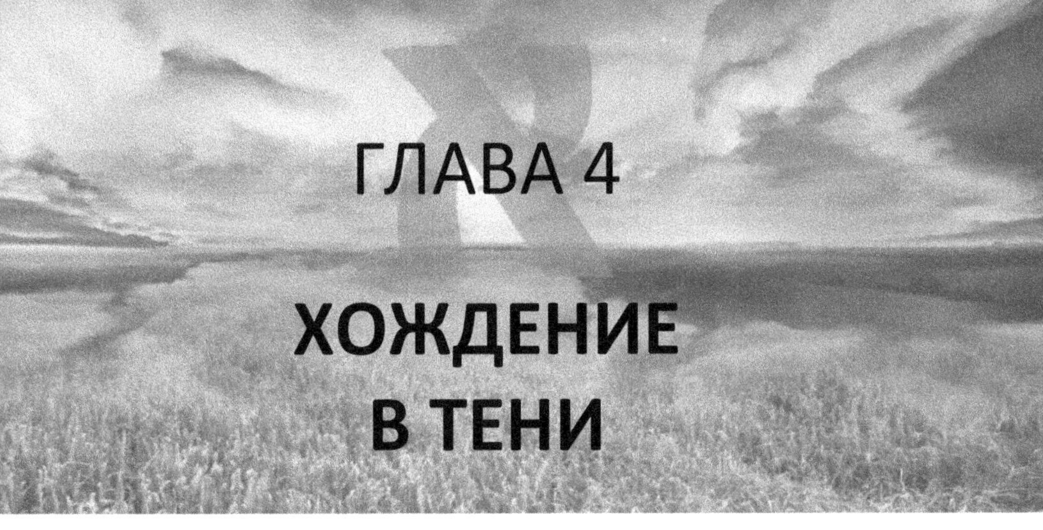

ГЛАВА 4

ХОЖДЕНИЕ В ТЕНИ

«Даже если я иду через долину смертной тени,

я не боюсь зла. Ибо Ты со мной;

Твой жезл и Твой посох — они утешают меня» (NASB).

...Каким же образом мы, верующие, продолжаем действовать в соответствии с этим принципом изобилия в условиях «смертной тени»?

Когда Давид говорил: «Я хожу по долине смертной тени», он цитировал Иова, который по крайней мере пять раз использовал фразу «тень смерти» в негативном смысле. Она означает также «тень моей жизни исчезает». С точки зрения Иова тень — это мимолётное, временное, изменчивое непостоянное явление. Тень тёмная, ускользающая (в традиции моего народа мы говорим о древе жизни и о деревьях тени). В английской традиции тени или «полумрак» подобны демонам. Существует также тень, которая удерживает или даже убивает поток божественного богатства, божественного процветания, божественного переполнения и изобилия в нашей жизни. Когда мы занимаем позицию, соответствующую фундаментальной природе пастыря, потоку его сердца, всему связанному с этим, начинаем принимать то, что исходит из покоя, в нашу жизнь приходят смещающие эту реальность события, подобные теням. Они призваны создать отношения, идеи или реакции, препятствующие способности принимать в свою жизнь потоки от нашего Пастыря. Когда Давид говорил: «Хотя я и пройду долиною смертной тени, но не убоюсь зла», он имел в виду, что нам нет необходимости находиться в тени смерти, потому что Бог уже сказал нам о нашем положении.

Прочитайте эти стихи еще раз:

«Господь — пастырь мой, я не буду нуждаться.

Он позволяет мне возлечь на злачных пажитях; Он водит меня у тихих вод. Он восстанавливает душу мою;

Он ведет меня путями правды ради имени Своего».

Бог уже обозначил наше положение — нам не нужно оставаться в долине смертной тени.

В Ефесянам 1:3 сказано «Благословен Бог и Отец Господа нашего Иисуса Христа, благословивший нас всяким духовным благословением в небесах во Христе» (NASB).

Этот мир не является миром теней. Тени перемещаются в зависимости от положения света. Если есть тень, нужно спросить, что это за тень и где находится предмет, отбрасывающий тень. Есть тень смерти и тень жизни. Есть также тень Божьего крыла. Вид тени зависит от того, от какого источника света она исходит. Тень смерти — это результат ложного света, отбрасывающего тень на нашу жизнь, чтобы отвлечь глаза и мысли от того места, где мы находимся, как это видно из первых трех стихов Псалма 22. Когда мы находимся в долине смертной тени, необходимо осознать, что тень отбрасывается ложным светом.

У Бога есть всё, что нам нужно. Он ничего от нас не скрывает и хочет работать в нашей жизни, чтобы мы процветали. И хотя мы знаем это, однако, когда возникают определенные обстоятельства, они всё же толкают нас к тому, чтобы больше верить приходящим проблемам, условиям, словам людей и тому, что мы говорим сами себе.

И тогда мы начинаем зависеть от прогнозов развития экономики и прочих негативных моментов, которые могут произойти в мире. Зависимость от чего-то иного, чем того, что уже установлено в духовной сфере, создает на нас ложную тень, которая разрушает. Сначала она убивает концентрацию нашего внимания, затем заставляет сосредоточиться на нашем знании и опыте, и наконец погружает в сомнения. А сомнения — это тень смерти. И наоборот, вера — это тень света. Вера провозглашает: «Даже если я пойду долиной смертной тени, я не убоюсь зла».

> Если мы начинаем зависеть от чего-то иного, чем от того, что уже установлено в духовной сфере, мы создаём на себе ложную тень.

Один из способов преодоления и изменения ложных теней — это постоянное движение. Никогда не стоит зацикливаться на том, что с нами происходит, потому что это разрушает и убивает. Продолжать движение и идти дальше — вот способ справиться с тенью смерти.

Сомнение и страх идут рука об руку. Они удерживают нас в долине смертной тени. Когда Давид сказал: «Хотя я и прохожу долиной смертной тени», он перечислил то, чем является тень:

Сомнение — это тень, страх — это тень, отсутствие зрения (слепота) — тоже тень. Когда у нас нет видения, мы слепы и находимся в тени смерти.

«Где нет видения, там гибнет народ « (Притчи 29:18, KJV). Отсутствие видения бросает нас в спиралевидную пропасть. Когда мы застреваем в долине смертной тени, испытывая сомнения, страх, отсутствие видения, нам необходимо понять, кто и что мешает нам двигаться. И пока мы находимся в этой долине нам не дано ни с положительной, ни с отрицательной точки зрения увидеть, кем мы являемся.

Когда человек говорит о себе негативно, это значит, что он ищет, кого бы обвинить. Поэтому, спросив себя, почему я так поступаю и почему я оказался в такой ситуации, человек скорее посчитает виноватым дьявола и обвинит во всём его. И даже может обвинить Бога! А вот себя, вероятнее всего, он никогда не будет винить. Пребывание человека в долине смертной тени порождает тень вины.

Пребывание в долине смертной тени порождает тень вины

Когда мы идем по долине смертной тени, нам не нужно бояться зла: «ибо Ты со мною; Твой жезл и Твой посох успокаивают меня» (Пс. 22:4). На иврите «Ты» — это «Атта» (אַתָּה), что означает имя Бога.

Ты [есть] > ʻat-tāh > אַתָּה

В древнеанглийском языке слово «Atta» переводится как «Thou», что является обращением к королевским особам. Сегодня «Ты» — это обычное обращение, которое может быть использовано для любого человека. Однако в данном случае «Ты» несёт в себе смысл королевской власти и уважения.

Давид сказал, что причина, по которой мы можем иметь дело с тенями, заключается в том, что Атта находится с нами — Алеф, Тав, Хей (אתה), и если убрать Хей, то останется Алеф Тав, то есть Альфа и Омега. Альфа — это первая буква в Атта, которая открывает закрытую систему. Другими словами, нам не нужно бояться долины смертной тени, потому

rā‘	’î·rā	lō-
רָ֑א	יִרָ֣א	לֹא
Зла	убоюсь	не

что мы находимся в системе, которая всегда открыта для возможностей. Поскольку Атта с нами, то и возможности с нами.

Есть ещё одна тень, которая называется [иностр. 1:20:15] или на иврите [иностр. 1:20:18]. Библия говорит о ней в Псалме 90 — «Живущий в тайном месте Всевышнего, будет пребывать под сенью Всемогущего», (NKJV).

Давайте ещё раз посмотрим, как на иврите звучит фраза «Я не буду бояться зла», которая произносится как «Ло йи ра ра».

«Йи ра» — это сочетание Йод Реш и Алеф. Слово, обозначающее

уеначамуни	хейма
יְנַחֲמֻנִי	הֵמָּה
Утешают меня	они

зло — Реш-Алеф. «Йод» добавляется к «Реш Алеф» (зло); и указывает на руку Бога, стоящую над злом. «Ра» — зло, а «йи ра» — стоять над злом. В долине смертной тени мы не боимся зла, потому что с нами Атта. Мы идём с открытыми возможностями перед собой, и мы можем продолжать двигаться вперед. Мы никогда не застрянем в смертной тени, потому что понимаем, Кто с нами. Атта со мной, и Его жезл и посох утешают меня.

Жезл и посох — две опоры в доме Божьем, которые Он использует как милость и силу. Его милость и сила — это причины нашего утешения.

Мы можем вспомнить, что Атта находится рядом с нами, открывая возможности. Его милосердие пребывает по правую руку от нас, а сила — по левую. Сила и милосердие не обеспечивают нам комфорта и утешения в будущем, потому что создают положение покоя прямо сейчас, в настоящем. Наша цель — ввести себя в состояние покоя для получения того, о чём Отец уже говорил в начале 22-го Псалма. Находясь в долине смертной тени, мы обретаем покой. Однако появление теней грозит вывести нас из состояния покоя и делает невозможным получение того, что нам действительно принадлежит. Беспокоясь, мы упускаем свой шанс.

В нашем мире алчные и могущественные люди пытаются создать систему страха, где мы не можем пребывать в состоянии покоя. Независимо от наших убеждений мы всё равно попадаем в долину смертной тени. В мире происходит много событий, но верующий не должен позволить этим обстоятельствам поколебать убеждение, что Атта всегда присутствует рядом. Его милость и сила дают утешение и покой, и мы должны научиться даже в долине смертной тени пребывать в этом состоянии. Оно позволяет получать благо и преуспевать среди волнений, принося жизнь даже туда, где есть смерть.

Эти тени будут периодически появляться, чтобы вывести нас из состояния покоя, но они не будут постоянным явлением. Тень — понятие временное, особенно тень смерти. Только тень под крылом Бога постоянна. Это тень Эль-Шаддая — имени означающего обеспечение. Находясь под этой тенью, мы действительно живём под совершенным светом, обеспечивающим защиту. В тени Отца нет тьмы, сомнений или разрушений, она — тень света.

Об этом говорится в Псалме 120:5 :

«Господь — хранитель твой;

Господь — тень твоя по правую руку твою».

В данном тексте Давид имеет в виду не ту тень, которая описана в Псалме 22, потому что Бог есть свет, и в Его тени нет никакой тьмы.

Представьте себе, что на человека падает яркий свет так, что его тень сама становится похожей на этот свет, и он уже не может загородить этот свет. Давид говорит здесь о тени Отца, а также о тени Божьего крыла, когда Бог передает Свой свет в наши обстоятельства. Возможно, это и есть вторая тень, которая проникает в наши ситуации, если мы находимся в долине смертной тени. Другими словами в нас всегда присутствует тень света. Это утверждение кажется противоречивым: тень — свет, но в контексте нашей темы этот свет является ясным, прозрачным проявлением Божественности.

«Я не убоюсь зла, ибо Ты со мною;

жезл Твой и посох Твой успокаивают меня.

Утешение и покой — основа чудес.

«Утешай, да, утешай народ Мой!» — говорит ваш Бог.

Провозглашайте утешение Иерусалиму и

взывайте к нему о том, что война его окончена,

что беззаконие его прощено...» (Исаия 40:1-2а, NKJV).

Божье утешение в данном контексте Писания лишь утверждает, что через какие бы испытания человек ни проходил, все они уже позади, и боль, которая была раньше, уже исцелена. Бог попросил передать Иерусалиму, что его война закончилась. И когда Он говорит нам об утешении прямо во время наших страданий, следовательно, их уже нет. Как только к нам приходит слово утешения, мы должны принять, что уже избавлены от ситуации, в которой оказались, иначе бы Бог не стал утешать нас. Утешение — предвестник Благой вести.

В 40 главе 9 стихе книги пророка Исаии сказано:

«О Сион! Ты, приносящий благую весть, взойди на гору высокую; Иерусалим!

Ты, возвещающий благую весть, возвысь голос твой с силою, возвысь его, не бойся;

Скажите городам Иуды: Вот Бог ваш!», (NKJV)

Когда приходит слово утешения и когда Иисус говорит: «Они утешатся», это означает, что во время любых наших переживаний всегда есть поток хороших новостей и открытых возможностей. Речь здесь не идёт о том, что мы вообще никогда не окажемся в долине тени, а если и окажемся, нам не обязательно там оставаться. Однако мы умудряемся оказаться во многих видах теней, поскольку сами добровольно туда входим.

Находясь в условия долины смертной тени, нам нужно помнить, что милость, сила и утешение всегда рядом, поскольку Атта с нами. Утешение в контексте страданий есть благая весть о том, что Бог уже принял решение о нашем будущем, и оно существует в присутствии этой тени. Он утешит нас, чтобы вывести из долины смертной тени в тень Своего крыла, в долину тени Всемогущего. Он говорит нам встать, двигаться и идти домой.

Бог не ждёт завершения ситуации, чтобы утешить нас. Мы видим это из того, как Бог поступил с Иовом. Он посетил Иова в то время, когда тот всё ёще продолжал страдать. Он смотрел на Иова, утешая его через Елиуя (Иов 32-38). Сам Бог Атта на самом деле присутствовал в страстях Иова всё время.

«Атта» (תָה) на иврите — это «Алеф Тав Хей», где «Алеф» — это принцип творения, который Бог заложил в Себя для того, чтобы иметь возможность вывести мир из любого состояния, в которое он может попасть. Для «Атта» это означает, что существует не только «Алеф», как принцип предсотворения, но и «Алеф», как принцип будущего мира.

Нет такой долины тени, которую мы проходили или проходим, где бы ни присутствовал Атта. В наших обстоятельствах всегда есть открытая возможность, потому что мы и есть та самая открытая возможность. Мы никогда не можем быть настолько закрыты, чтобы не выйти наружу. Мы — сыновья и дочери Бога, и Атта с нами.

> Бог не ждёт завершения ситуации, чтобы утешить нас.

Если мы не можем поймать ветер или удержать небо и связать его веревкой, или сделать Бога нашим пленником, то невозможно оставаться в плену так, чтобы не выйти оттуда. Наши страдания могут продолжаться какое-то время, но наш Бог не оставит нас. Страдания не конец нашей жизни, они никогда не могут быть концом. Выход есть всегда, и всегда есть утешение для нас. Божье утешение лишь означает, что наше будущее уже пришло в наше настоящее. Аминь.

אתה

ГЛАВА 5

БОЖЬЯ ТРАПЕЗА

Сверхъестественное обеспечение и всепоглощающий поток Божьего провидения в отношении тех, кто является Его детьми, не является евангельской вестью о процветании, однако включает в себя идею обладания богатством.

Борьба за присвоение богатства зависит от того, насколько и в какой степени мы действуем в позиции тотального недостатка. Состояние нехватки вызывает постоянное сравнение с положением других людей. Наши действия из мышления недостатка обусловлены убеждением, что у нас могут что-то отнять. Когда мы так думаем, мы вообще перестаем действовать, и на самом деле никогда не сможем собрать урожай полноты даже из того, что у нас есть в настоящем. Мы должны поверить, что быть благословенным — значит жить в полноте того, кем является Бог. Бог благословен не потому, что мы его благословляем, а потому, что это Его настоящая сущность.

Когда мы благословляем Бога и говорим о Нём хорошо, мы активируем Его полноту, чтобы она могла течь через нас. Мы ничего не добавляем к сущности Бога, и ничего не отнимаем от неё. Мы должны стать настолько переполненными Им, принять самих себя как полноту, чтобы навсегда забыть это ощущение, что нам что-то даётся для того, чтобы быть отнятым. Это очень важный христианский принцип, но людям трудно его усвоить, потому что нас всё время учили, что люди приходят в нашу жизнь лишь для того, чтобы что-то забрать. Однако, как бы это ни подавалось в религиозных или духовных терминах — реагировать таким образом не по-христиански, потому что у нас никто ничего не отнимает. Нам крайне необходимо изменить этот образ мышления, поскольку он приводит к серьезным проблемам в обществе и в нашей личной жизни. Это означает, что действуя с этой ошибочной точки зрения, мы попросту не доверяем Богу, поскольку мы вечно связаны с Его полнотой. Нас, как членов общества, приучили верить в то, что вся Вселенная основана на фундаментальном недостатке, а не на фундаментальном изобилии. Поэтому мы боремся друг с другом, дерёмся, кусаемся, причиняем боль и всё из-за страха, что у нас всё отнимут. Воистину Бог, создавший Вселенную, не испытывает ни в чём недостатка. Следовательно, и Вселенная основана на фундаментальном изобилии, фундаментальном очищении, фундаментальной способности к воспроизводству, восстановлению, исправлению, воссоединению, самоисцелению — это совершенно иная точка зрения, чем та, к которой нас приучили.

> Когда мы исходим из концепции недостатка, где враг всегда должен оставаться врагом, нам хочется в одиночку есть и следить за тем, чтобы ему ничего не досталось.

Наше мышление недостатка влияет на то, как мы относимся ко многим сферам нашей жизни. Если мы воспринимаем отношения с человеком с этой позиции, то в них никогда не будет настоящего доверия, и мы всегда будем ожидать, что отношения приведут к потере. В итоге будем пытаться либо извлечь выгоду из них, либо, постаравшись «остаться на высоте», черпать из полноты другого человека, несмотря на его слабость. Наши действия в условиях недостатка приводят к искажению наших собственных мотивов и намерений.

Когда Давид провозглашал: «Ты готовишь трапезу предо мною», он говорил о Божьем обеспечении, о протоколе Божьего стола и о том, как подготовиться к трапезе за Его столом. В 1563 году один из великих раввинов Йосеф Каро написал книгу «Шулкан Арух» — что означает «подготовка стола». В своем пятитомном труде, посвященном Закону, Каро излагает, как подготовиться к соблюдению Закона, а также к проповеди. Практика подготовки — это то, что отличает евреев. Они тратят много времени на приготовления к богослужению. Порой это кажется просто показной практикой, которую некоторые, несомненно, назовут религиозной. Тем не менее, то, что нам кажется неприемлемым или религиозным, евреи считают обычной подготовкой. Мы, христиане, должны быть осторожными с неправильным использованием слова «религиозный». Каждый раз, когда кто-то стремится сделать что-то для Бога, занимается духовной деятельностью или готовится к священнодействию, мы ни в коем случае не должны считать это религиозностью.

Многие христиане, если им предложить молиться пять раз в день, не будут этого делать, потому что посчитают это занятие поверхностным, бессмысленным и «религиозным».

Парадоксально, но если бы таких людей пригласили к столу короля, они бы тотчас занялись приготовлениями, но не назвали бы своих действий «религиозными». Так мыслим и мы, даже не догадываясь, что с нами происходит в этот момент. Называя это «религией» или отвергая «религиозное», мы отделяем себя от необходимости реальной встречи с Богом в Его полноте. Но именно эти вещи активизируют полноту Бога в нашей жизни. Возможно, все наши речи о религиозности — от дьявола, а не от Бога, потому что именно дьявол мешает верующим делать то, что они должны делать, чтобы получить доступ к полноте своей сущности. Мы становимся злейшими врагами самим себе, осуждая именно то, что способствует нашему духовному росту или тому, что мы называем духовностью.

> Бог благословляет меня не для того, чтобы мои враги ели в горькой печали.

«Таарох шулкан» означает «Ты готовишь стол». Этот стол приготовлен перед нами и в нашем присутствии, но нет таких мест в Писании, где бы говорилось, что этот стол приготовлен исключительно для нас. Многие толкуют Псалом 22:5 так: Бог для нас накрыл стол перед взором наших врагов, чтобы они могли наблюдать за тем, как мы едим. Но верно будет: стол приготовлен перед нами в присутствии наших врагов, чтобы они, участвуя в трапезе вместе с нами, могли преображаться. Также это может означать, что Его стол — это принцип божественного преобразования для всех без исключения приглашённых. Иисус учил учеников менять отношение к людям, особенно к своим врагам. Он велел любить и молиться за них, даже когда проклинают нас (Мтф. 5:44). В Послании к Римлянам 12:20 Павел, цитируя Притчи, подчеркивает, что нужно накормить врага, если он голоден.

Когда у нас есть фундаментальное чувство недостатка, оно искажает перспективу, и враг для нас всегда остается врагом. Это чувство заставляет нас действовать так, что нам хочется есть в одиночку и следить за тем, чтобы нашим врагам ничего не досталось. Мы хотим быть уверены в том, что те, кто злее нас, не смогут присутствовать за Божьим столом. Такой взгляд не делает нас праведниками.

В «Таарох шулкан» заложена важная идея. Это самоподготовка

к практике духовной трансмутации, которая говорит о нашем осознанном намерении по отношению к Богу. Так же и Бог, когда готовит стол, Он делает это намеренно. Он не бросает еду на стол перед нами хаотично. Тот же самый Бог, который готовит стол нам, является Богом, обеспечивающим весь мир, даже наших врагов. Если Бог готовит Свой стол от полноты Своей сущности, то Он готовит его так, чтобы все, кто находится рядом с нами, могли получить пользу.

Возможно, наша жизненная перспектива настолько окрасилась идеологией общества, что мы не способны выйти за её пределы, объективно взглянув на суть вещей. Мы думаем, что наши враги всегда должны страдать. На самом деле наши враги приглашены к столу для преображения — и это милость Божья! Будучи когда-то врагами Бога, мы примирились с Ним через смерть Христа (Рим. 5:10). Если толковать Пс. 22:5 так, что Бог готовит пищу только нам, а нашим врагам остается лишь страдать, это полностью исключает значение того факта, что Он пригласил нас за стол ещё тогда, когда мы были Его врагами. Бог приготовил трапезу перед Израилем, чтобы нам причаститься и даже будучи врагами через это стать целостными.

> Всё, что Он делает для нас, Он делает для спасения мира, чтобы изменить всех нас.

Здесь наша идеология даёт сбой, потому что в то время как мы проповедуем полноту освящения Святого Духа, она отрицает, что это должно принадлежать всем и переливаться даже на наших врагов. Это означает, что, когда мы едим в присутствии Бога, наши враги также находятся в присутствии Бога вместе с нами. Мы берём их с собой. Трапеза с Богом должна включать наших врагов, потому что именно в общении с Богом всё подлежит преображению. Если мы оставим их, они нигде не смогут пережить встречу с Ним. Мы не сможем изменить мир, если откажемся от своих врагов и станем есть в одиночестве. В этом заключаются некоторые сложности и трудности для христианства, роста церкви в общении: наши враги должны участвовать в трапезе вопреки всему. Мы должны включить их в общение. Возможно, мы хотим иметь такой тип христианства, в котором наши враги находятся подальше от нас, но наш долг — создать мир без врагов, и сделать его таким, который влечёт к общению, а не держит на расстоянии.

Любовь — это трансформирующий ключ. Иисус сказал, что любовь может изменить любого человека.

На самом деле приготовление стола в присутствии врага — это ключ преображения, который демонстрирует внутреннюю природу Бога и то, как мы можем ей уподобиться. Мы должны приглашать к участию в трапезе всех врагов — и даже наших внутренних. Хотя идеология и заставляет держать врагов на расстоянии, нам никуда не деться от них, потому что наши внутренние враги находятся в нас, даже когда мы едим. Мы же не ждём, что они удалятся прежде, чем приступим к еде.

В стихе Давида: «Ты приготовил трапезу предо мною» Бог учит нас тому, как поступать с врагами. Слова, переведенные как «предо мною» — это древнееврейское слово «лефеней» (לְפָנַי), что буквально означает «передо мной» или «перед моим лицом». И хотя обычно переводятся «передо мною», всё же их следует понимать, как «к моему лицу». Следовательно, участие в застолье — это фактически встреча лицом к лицу с врагом. Разве возможно преобразить врага, если мы не желаем говорить с ним лицом к лицу? И пока мы не встретимся прямо лицом к лицу, мы не сможем ничего изменить.

Мы должны помнить, что Божий стол — это не персональная или приватная трапеза, это общественное питание, поэтому за ним сидят и наши враги. Божий стол преобразует и трансформирует. Бог накрывает его, и это Его, а не наш стол. Через трансформирующую природу Своей любви Он дает нам разрешение присоединиться к трапезе.

Бог готовит Свой стол прямо перед нами, у нас на глазах, чтобы мы могли участвовать в Его пире. Когда наши враги станут свидетелями этого, они тоже преобразятся.

Бог благословляет нас не для того, чтобы нашим врагам есть в горькой печали. Он благословляет нас, чтобы наши враги увидели, как Он благ, и обратились к Нему с покаянием. Бог действует из позиции полноты, а из позиции недостатка. Всё, что Он делает для нас, Он делает для спасения мира, чтобы изменить всех.

אתה

ГЛАВА 6

ГОЛОВА, РУКИ И НОГИ

К концу этой главы мы убедимся, что Псалом 22 — действительно об изобильной жизни, о жизни с избытком.

Мы рассмотрим изобилие и избыток вместе. Нам, исполненным духом верующим со всеми нашими пророческими, евангелизационными и харизматическими перспективами, есть что сказать о них в контексте помазания. Здесь слово «помазание – это еврейское слово «дешанта». Оно имеет несколько значений — «делать жирным», «вызывать расширение», «вызывать полное очищение». У этого слова тот же корень, что и у слова «Машиах», то есть «помазанник» или «мессия». Однако структура слова «дешанта» иная, чем у слова «Машиах». Похоже, что Давид использовал это совершенно сознательно. Когда кого-то называют помазанником, то смысл этого слова уже несет в себе значение возложенной на него нагрузки или нечто такое, что позволит вынести всё, что предстоит. Другими словами помазаннику даётся семя, которое имеет цель.

Давид говорит: «Ты помазал голову мою елеем». Почему Бог помазывает именно голову, буквально помазывает? В книге еврейского мистицизма «Ликкутей Амарим», раскрывается то, что именно в человеческом мозгу обитает душа, и что эта душа содержит «Хабад» — мудрость, понимание и знание. Когда Давид получил откровение о хождении в изобилии, он указал на важность головы или «рош» (רֹאשׁ) для открытия этого изобилия. От того, как работает наша голова, зависит, будем ли мы процветать.

«Если дашь глупцу богатство, то он расточит его» (Притчи 21:20). В данном случае Соломон сетует неслучайно. Он делал всё для процветания своего царства, но не был уверен в том человеке, кому всё

> Идея помазания — это мощное понятие. Помазание готовит человека или предмет к восприятию славы и намерения Бога, в чьём присутствии находится человек или в чьём присутствии используется.

оставит. Каким он будет — глупым или мудрым?

«Дешанта» означает – «откормленный, выросший», вот почему Давид уделял особое внимание голове. Кроме того, совершая помазание на царство, священник помазывал именно голову царя. Помимо царей и священников Бог предписывал евреям помазывать маслом и обычные вещи: посохи, скинию, жертвенники, одежды Аарона, даже утварь скинии. Иногда масло могло использоваться для удаления пепла, оставшегося на жертвеннике.

То, на чём сосредоточился Давид в отношении помазания, имеет огромное значение. Помазание готовит человека или предмет к принятию славы и намерений Бога. Через это утверждается то, что положение человека и использование предмета происходит именно в Божьем присутствии. Без помазания ни слава, ни замысел Бога не могут быть явлены. Итак, помазание даётся прежде всего для того, чтобы сделать человека пригодным (готовым) к вхождению в славу, а также местом обитания этой славы, так как помазание без славы — это всего лишь масло, делающее предмет маслянистым. Помазание всегда совершается для Божьей цели. Давид сказал, что помазание, о котором идет речь в этом месте Писания, касается только головы, потому что именно там происходит важный для Бога мыслительный процесс, так как Его намерение — сделать человека процветающим. Помазание нечто большее, чем молитвы и просьбы сотворить чудо. От того, как мы используем свою голову, зависит будем ли мы процветать.

Пятидесятническая церковь по большому счету не учила людей тому, как использовать голову для достижения богатства. Мы были научены, как для этого использовать в молитве колени, тогда как голова здесь важнее всего. В неё помещены три составляющие: левое и правое полушария мозга и душа. Душа есть мудрость, понимание и знание. Если внешняя часть головы — для помазания маслом, то внутренняя — мозг служит воронкой для входа сверхъестественного в естественную сферу. Мы обманываем себя, считая, что процесс преображения людей в церкви произойдет без их стремления думать. При этом говорим с ними на самом низком уровне — это нерезультативно, нецелесообразно и пустая трата времени. Даже если люди жалуются на то, что слышат от нас слова больше их понимания, мы всё равно должны призывать их подниматься выше, и не разговаривать с ними как с тупыми, глупыми или невежественными людьми. Между тем то, что заложено в голову человека, намного превосходит то, чему их можно когда-либо научить.

Когда Давид подчеркивал важность помазания головы, он обращал внимание на то, что в процессе оперирования понятием изобилия необходимо задействовать наш интеллект. Более того, мы не можем быть святым человеком, не используя свой интеллект.

Святость — это выбор добрых дел по откровению от Бога. Так еврейская практика Мицва представляет собой намеренное послушание закону и осознанный выбор совершать добрые поступки. Святость может быть как эмпирической, так и мозговой — наш мозг обязательно должен работать. Когда мы приходим в церковь, наше общение не должно сводиться к спорам и дебатам — такая динамика для него непродуктивна. Мозг должен быть постоянно задействован. В намерениях нашего сердца мозг и душа работают вместе, и функционируют они благодаря нашим рукам. Другими словами, намерение сердца не реализуется до тех пор, пока мы не задействуем душу. Бог помазывает нашу голову, потому что именно она — магнитная точка, через которую сверхъестественное притягивается и входит в нашу сущность.

> Откровение — это сочетание мудрости, понимания и знания.

В церкви мы очень много говорим о сердце и мало — о голове, поэтому мы стали очень сентиментальными. Некоторые христиане могут даже обидеться, если вы попытаетесь привлечь их к интеллектуальной дискуссии, а многим из них почти невозможно бросить вызов. Когда такие христиане попадают в мир структур, шаблонов и алгоритмов исполнения, они даже не пытаются разобраться в их сути. Они ищут короткий путь, не желая вникать в те области, о которых раньше никогда не задумывались. Они считают трудным занятием думать и разбираться в этом. Возможно, в наших церквах привлечение инсайтов о голове было недостаточным, что породило зависимость людей от чудес. Конечно, это не значит, что рационалистический процесс решающий, но причина помазания заключается в том, чтобы объединить внутри нас интеллектуальный процесс с Божьей мудростью, пониманием и знанием.

Интеллектуальный процесс сбора информации и последующего

анализа данных должен сочетаться с Божественным откровением. Уравнение выглядит так: сбор информации плюс Божественное откровение. Мы не можем исключить ни одну из частей этого уравнения. У некоторых людей есть только информация или слухи и ничего больше. Только вот информация и слухи без откровения неэффективны.

Какая-то часть людей считает, что у них есть откровение, однако оно не сочетается со знанием. Если Бог дает кому-то откровение, то Он даст и необходимую информацию для его подтверждения.

Откровение — это сочетание мудрости, понимания и знания. Знание — это результат объединения фактов, информации и данных.

Например, ребенок рождается благодаря познанию. В Библии говорится, что Адам познал свою жену (Бытие 4:1). В этом процессе участвуют два человека: отец и мать. Также для познания необходимы мудрость и понимание. Ребенок — это проявление познания отца и матери. Некоторые великие раввины утверждают, что именно мозг отца зачинает ребенка и только потом, как только сперма попадает в материнское лоно, насаждается семя. Ребенок — это не просто результат физического акта, это проявление когнитивного процесса, который активизируется в мозгу мужчины, затем высвобождается и семенем попадает в организм женщины, где находится в течение девяти месяцев. По истечении этого срока рождается ребёнок как плод познания. Таким образом, дети — это завершение познания, мудрости и понимания, которые зародились в другом царстве через помазание головы. Это так мощно, когда ты смотришь на детей с данной точки зрения!

> Помазание — это способ расширить вас, чтобы вы могли справиться с тем, что вам поручено сделать предмет.

Еврейское слово «дешанта», переведенное как «помазание», может также означать удаление сожженного пепла на алтаре. Поэтому, когда Бог помазывает нашу голову, и помазание сходит на нас, происходит очищение разума. Не бывает помазания там, где разум захламлён. Функция процесса помазания — очищение разума от пепла дурного мышления многих поколений. Возьмём пример Давида. Он был родом из кровосмесительной семьи, отношения его отца с матерью были проблематичными, но согласно Писанию, Давид был великим человеком. Его помазание устранило всё нечистое, открыв новые горизонты понимания того, кто он есть, его отношения с миром, и то, что он призван был совершить.

Возьмем пример с Иисусом Христом. Он родился от женщины, которая утверждала, что видела ангела. На протяжении всей жизни Иисуса иудеи требовали от Него: «Покажи нам своего отца. Не сын ли Ты Марии и плотника Иосифа?» У иудеев всегда находились вопросы в его адрес. Иисус был Богом в человеческом обличии и, возможно, Ему было непросто ходить по городу и видеть удивление этих людей, а особенно слышать, о чём они думают в своих сердцах. Представьте себе, что Иисус, живя в этом городе, всё время слышал подобные слова: «Да, конечно! Его мать видела ангела! Наверное, это один из римских солдат был тем ангелом!» Тем не менее, благодаря помазанию эти разговоры абсолютно не занимали главенствующего положения в Его жизни. Иисус никогда не говорил об этом, Он сосредотачивал Свой разум на очищении от беспорядка человеческих мнений о Своей личности. Некоторые люди с похожим на эту историю прошлым смешивают свои собственные проблемы с посланием. Они думают о себе на основании неудач своего земного отца, но с Иисусом Христом дело обстояло иначе.

> Итак, помазание означает расширение нашего сознания, чтобы безгранично увеличить наши возможности. Бог помазывает нас для того, чтобы Его задание было выполнено.

Иисус не был помазан при рождении. Он был помазан при крещении. Быть сыном Божьим — это не то же самое, что быть помазанным. Помазание необходимо только для выполнения определенной работы или для мыслительного процесса, которые приведут к желаемому Богом результату.

Итак, помазание головы означает расширение нашего сознания, чтобы безгранично увеличить наши возможности. Бог помазывает нас для того, чтобы Его задания или поручения были выполнены. После того, как они выполнены, у нас больше нет возможности к ним вернуться, потому что помазание высвобождается только для конкретного случая. Помазание создаёт экспансивность, которая дает нам способность сиюминутно

> Итак, помазание - это расширение вашего сознания и способности принимать от полноты того, кем является Бог в вашей жизни

справиться с большей ответственностью для Бога. Мы никогда не должны хвалиться своим помазанием, потому что оно не принадлежит нам, оно высвобождается для выполнения Божьей работы.

В пример можно привести человека, который получил помазание ораторского искусства, а слушающие его люди восхищаются, насколько он силён. Как только эта мысль доходит до его головы, он начинает принимать дар, как свою способность, однако не думает, что когда помазание уйдёт, люди увидят все его человеческие слабости. Помазание действует как украшение, привлекая внимание к словам человека, поэтому без помазания люди просто не будут слушать.

> Ангелы помогут вам тогда, когда вы простираете свою руку, но вы сидите и ждёте, пока всё само собой проявится.

Аарон, как говорит Писание, был идолопоклонником, в определенный момент призвавший сатану из ада, однако впоследствии только помазание изменило его. Под помазанием Аарон стал первосвященником и смог открыть Небеса. Помазание действенно: даже палочки, сделанные как утварь, после натирания елеем стали носителями Божественного присутствия. Подлинное помазание от Бога не остаётся только на голове, оно стекает на руки. Когда Давид сказал: «Чаша моя переполняется», то имел в виду процветание, которое приходит через голову на руку.

> Бог дает силу создавать богатство

Человек, подносящий к столу чашу, не ставит её на стол, чтобы содержимое переливалась автоматически. Он опрокидывает или наклоняет её, чтобы вылить то, что в ней находится. На иврите слово «чашка» означает «кавас» (כוֹס), оно начинается с буквы «Каф». «Каф» означает — «нечто тяжелое, подобное непосильному бремени». Ещё одно значение «Каф» — «что-то сгибаемое для освобождения того, что в нём находится». «Каф» может также означать — «нести, как рука» или «изливаться». Давид показал значение переливающейся чаши: она соединяет руку и голову (я пишу о поколении людей, которое говорят, что помазаны, но вместо того, чтобы работать и использовать руки, пассивно сидят, постятся по 25 дней и ждут, когда Бог явит чудо). Помазание должно течь через чашу в руке, потому что именно так приходит богатство — от головы к рукам. Если Бог хочет, чтобы мы процветали, Он даст нам идею что делать, и вложит в головы то, что мы сможем воплотить в жизнь своими руками. После того как помазание сошло на руку Давид, он сказал: «Благословен Господь, который научил руку мою работать».

Идея о том, что нам не нужно использовать свои руки, потому что Бог чудесно посылает всё с небес, не библейская! Хотя бывают случаи, когда Бог творит чудеса, но мы же не ждём, когда ангелы прилетят убраться у нас в доме. Бог обещал нам богатство, но также Он обещал вложить Свои идеи в наш разум и укрепить руки для их воплощения в жизнь. Для этого Он сделал записи на наших ладонях. Моисей молился в Псалме 89:17: «И утверди для нас дело рук наших; да, утверди дело рук наших» (NKJV). Когда в нашей голове появляются идеи, мы просто должны их реализовывать, и когда мы прострём свои руки, ангелы помогут нам. Они не смогут увидеть запись на свитках наших ладоней, если мы не простираем к ним рук. Не стоит пассивно ждать, пока в наших головах проявятся идеи.

> Нет ни одного человека, которому Бог не дал бы идею.

Многие люди говорили мне, что хотели бы преподавать и путешествовать по миру, как я. И тогда я прямо отвечаю им, что они слишком ленивы и хотят только развлекаться, потому что то, чем я занимаюсь, требует большого труда. Я открываю им то, как провожу время на самом деле, рассказываю, что нередко возвращаюсь из отпуска в три часа ночи, иду не домой, а в свой офис, потому что нужно успеть подготовиться, чтобы уже утром преподавать.

Мы не можем полагаться на свою личную гениальность или способность пересказывать информацию. Имея мудрость в мозгу, мы должны получать помощь с небес, потому что понимание и знание, работают как одно целое, они словно конусообразная нисходящая воронка, приносят сверхъестественное в нашу сферу. Таким образом, это будет воздействовать на то, как мы делаем вещи своими руками, десятью пальцами, десятью принципами творения, десятью заповедями. Жизнь — это не лотерея.

Наш Отец говорит нам всегда. У Него нет выделенного времени для разговора с нами. Каждый раз, когда мы молимся, Бог обращается к нам и что-то в нас вкладывает. Бог помазывает головы, чтобы расширить наше сознание к принятию того, что Он хочет сказать и загрузить в нас. Поскольку Бог дает нам идеи, мы должны использовать свои головы, чтобы думать.

Мы должны выработать последовательную практику непрерывного

слушания, чтобы получать идеи с небес. Идеи, которые Бог передаёт нам, могут потребовать от нас знаний, а также изучения и вникания во что-то новое, необычное. Например, Бог может дать идею, которая потребует от человека пойти учиться на электрика, чтобы сделать большее, чем соединить два провода. Возможно, для осуществления этой идеи человеку придётся сначала изучить сантехнику, чтобы на основе этого изготовить то, что открыл ему Бог. Нам нужно делать всё необходимое, чтобы своими руками воплотить в жизнь идеи, открытые Богом, независимо от возраста, положения и уровня жизни.

У некоторых есть тенденция превращать Божьи идеи в нечто религиозное. Например, Бог дает человеку понимание, как изменить мир технологически, но тот уверен, что его миссия от Бога — Африка, и едет туда. Таким образом, когда человек так поступает, Бог отдает эту идею другому, который дорабатывает её своими руками и воплощает технологический прорыв в жизнь. Наша голова и наши руки трудятся вместе, и это ключ к работе в изобилии. Любой мыслящий человек, который не хочет использовать свои руки, станет человеком богатым в голове и бедным в жизни.

Кто работает руками и не думает — будет рабом всех тех, кто что-то производит. Мы склонны зависеть от других, хотя Бог наделил каждого из нас блестящими умами. Некоторые обладают даром мышления, но их руки ленивы. Другие способны много молиться, но их руки также ленивы. Поэтому, когда Бог посылает идею, человек не способен уловить её, потому что не думает головой, а если и улавливает, то превращает в религию. Идея так и остается в голове, когда наши руки не хотят работать, поэтому хорошо, что её подхватывает кто-то другой.

Согласно Священному Писанию деньги — это не наш Бог, но Бог даёт нам силу приобретать богатства, причём не чудесным и не магическим способом.

К нам когда-то пришли идеи, которые сейчас проявляются в нашей жизни, Бог давал нам эти идеи как способ финансового и экономического процветания. Духовность и экономика взаимосвязаны между собой. Конечно, мы можем обсуждать и вести религиозные диалоги об экономике и движении во власти, но реальность такова, что только люди, имеющие деньги, будут принимать решения и действовать. Бог хочет, чтобы Его дети стали более экономически подкованными, так как всё указывает на то, что ситуация меняется в эту сторону.

Война, которую мы ведём, это духовная война, напрямую связанная с экономикой. Если мы хотим работать в изобилии, мы должны начать использовать Божьи принципы изобилия и научить следующее поколение. Мы должны думать и работать руками. В Священном Писании Бог часто напоминает нам о руке Господней, особенно в книге Исход. Этот мотив встречается на многих страницах Писания: десять пальцев руки — десять принципов творения; десять пальцев — десять заповедей блаженства; десять пальцев — десять заповедей; десять пальцев — десять испытаний Авраама; десять пальцев — десять казней Египта, который осознал, что на него обрушилась рука Господа.

Чудеса не происходят просто так, потому что чудеса — это работа. Творить чудо это и есть творить и работать. Если у кого-то свершилось чудо, это значит, что он трудился над ним день и ночь.

Скиния Моисея сначала была идеей или чертежом, которые появились вначале в голове человека, и он своими руками изготовил все инструменты, необходимые для строительства. Только потом Моисей повелел её воздвигнуть. Скиния не спустилась с небес и не появилась внезапно для немедленного использования. Её нужно было построить.

Когда-то в нашем мистическом движении мы ожидали проявления каких-то вещей, но ждали пассивно. Бывает, что они приходят, однако библейский принцип заключается в том, что их проявление — это знак того, что мы должны действовать. Знак — не окончательная реальность, а лишь указатель на то, что мы способны и должны сделать, вот почему их называют знамениями и чудесами.

Когда Бог даёт человеку с неба дизайн автомобиля, это не значит, что и впредь Он будет так делать. Спуская с неба некий прототип автомобиля, Бог дает человеку возможность самому создавать и конструировать, и уже без Его участия проявлять что-то большее. Неверующие в значительной степени понимают эти принципы, поэтому они делают некоторые вещи, которые не можем делать мы. Хотя неверующий человек нуждается в Боге для спасения, ему не нужны небесные технологии, не смотря на то, что Бог уже давно их создал. Если Бог использует праведника, чтобы что-то произвести, неверующие всё равно могут сделать хорошую копию этого образца. Например, Китай, не веря в нашего Бога, дуплицирует многие американские изобретения.

Бог даёт каждому из нас идеи, Он никого не обходит стороной. Часто мы теряем их по причине того, что ждём волшебства. Нам необходимо воплощать в жизнь те идеи, которые приходят от Бога. Для этого мы можем вести записи в блокноте, делать там рисунки, записывать мысли и откровения. Если мы не воплотим их в жизнь, это сделает кто-то другой.

ГЛАВА 7

ПСАЛОМ 22

Мы всю жизнь защищаем то, что как нам кажется, скоро закончится. Мера этой мысли в нас равна мере того, как мы думаем о Боге.

В конечном итоге это означает, что мы не верим в Бога, а верим в себя, потому что на самом деле мы знаем Его так, как представляется нам. Если бы мы действительно знали Бога, мы знали бы, что Он никогда не иссякает. Это действительно очень просто. Однако общество говорит нам, что всё в этом мире заканчивается. Через различные средства массовой информации нам внушают мысль, что именно то, что мы хотим, может закончиться, и нам не получить этого, если мы не уничтожим ближнего. Мы действительно купились на эту идею.

Например, нам сообщили, что людям нашей планеты недостаточно земли, и мы начинаем верть в это. Однако есть сведения, что если собрать в одном только штате Техас каждого человека, живущего сегодня на Земле и поставить рядом друг с другом, то эту территорию поместятся все без исключения. Психологическое давление заставляет нас верить и действовать так, как нам говорят. Потому мы сбились в города, вынуждены наступать друг на друга и брать то, чего хотим. Эти реалии помогают нам понять, почему Библия кажется очень «антигородской».

На самом деле Библия рассматривает город как место присутствия всякого зла. Люди собраны там вместе, чтобы их контролировать, не позволяя распространяться по земле.

> Заметим — всё, что делает Бог, демонстрирует нам то, что мы на самом деле являемся кандидатами на воплощение процесса изобилия

Первый город на земле построил для своего сына Каин на месте, где пролилась кровь убитого им Авеля. Бог повелел своим людям

— Адаму, Ною и их детям идти на восток, чтобы распространиться и владычествовать землёй, но вопреки этому, они, сплотившись другу с другом, построили башню смятения. Священное Писание говорит, что и Иерусалим, который был построен на земле, был разрушен Богом потому, что стал местом крови. Об этом пророчествовали Иеремия, Иезекииль и Исайя. Итак, Бог отнял у Израиля Иерусалим, и он стал городом иевусеев — ещё более кровавым, чем когда-либо.

Мы пытаемся исследовать обусловленность городской жизни, основанной на недостатке, который усугубляется чьим-то мнением о необходимости жить в городах, где мы и так сгрудились как «селёдки в бочке», чтобы давить и уничтожать друг друга.

Здравый смысл не так уж распространен.

Город Иерусалим был разрушен и полностью залит кровью не по причине силы иноземцев, а потому что народ сделал идолов и поклонялся им. И снова Бог повелел своему народу рассеяться по всей земле на востоке, они же предпочли ютиться в городах, в которых было много чего плохого.

Кажется, что в современном мире практически никто не видит проблему существования мегаполисов. Даже пророки говорят так, будто города были созданы Богом. На самом деле они — человеческие системы, служащие для смешения и контроля. Иногда кажется, что люди, живущие в мегаполисах, считают себя более цивилизованными. Но город — это скорее другая цивилизация, где как в варварские времена, все ещё живут люди, обижающие друг друга, и дерущиеся за крохи, в то время как за его пределами царит изобилие. Если бы мы жили даже в пустыне, и у каждого из нас был участок земли, мы всё равно смогли бы сами выращивать себе еду.

Возьмем Нью-Йорк: миллионы людей теснятся в его маленьких кварталах, нагроможденных друг на друга. Однако в штате Нью-Йорк достаточно земли, на которой могли бы жить все эти люди. Мегаполисы недолговечны, поэтому в ближайшие годы люди будут фактически жить за их пределами и приезжать туда в основном для общения.

Это не означает, что в городах нет ничего хорошего, однако многие вещи, которые человек может делать в городе, он может делать и в сельской местности. Хотя люди разъезжаются по разным местам, при этом их деятельность не отличается от городской. Существенным отличием сельской местности является то, что её жители, как правило, живут другим укладом, менее агрессивным. Там уровень преступности в целом ниже, чем в городах.

Точка зрения человека на то, что земли не хватает, и её становится всё меньше, на самом деле опровергает реальность, что каждый может иметь два-три акра земли, и одного этого аргумента должно быть уже достаточно. Это становится ещё более очевидным, когда мы летим на самолете. Глядя из иллюминатора, видны огромные открывающиеся просторы свободной земли, где не так много густонаселённых районов.

Есть идея о том, что нужно уплотниться в городе для большей безопасности и доступности ресурсов. На самом деле эта мысль отражает то, что последователи люцифера сделали с человечеством — и это не теория заговора. Они убедили нас в том, что мы не сможем выжить в одиночестве где-то в горах, что Бог не способен защитить нас, а уехав за город, мы просто умрём от голода. Между тем вся пища, потребляемая в городах, производится за их пределами.

Каждый раз, когда люди поступали так, как поступают сейчас, Бог приходил и рассеивал их. Это подтверждает Священное Писание. У нас нет всех ответов, но важно, чтобы мы из городов не делали идолов. Возможно дети, родившиеся в городах, думают, что это единственное место, где Бог хочет нас видеть, но на земле достаточно ресурсов и места для всех (я летел через всю Азию и, глядя в иллюминатор самолета, видел огромные пространства). Примером тому моно считать Китай, в нём миллиарды людей, которые в большинстве своём живут в разных городах. Такую же картину можно наблюдать в Соединенных Штатах Америки. Пролетая через всю страну, удивляешься размерам доступной людям земли. Несмотря на это, определенные группы людей хотят захватить её всю, сделать своей собственностью, и потом умолять остальных стать её владельцами. Это система ведёт к постоянному порабощению человечества, однако мы превозносим её как нечто великое. Нам нужно скептически взглянуть на эти мирские структуры. Речь идёт не о том, что мы против городов или предлагаем людям покинуть их. Речь идёт о том, что города слишком много берут на себя, чтобы контролировать всех. Именно поэтому нам нужно начать думать по-другому.

На Земле достаточно ресурсов. Если мы созреем для того, чтобы стать теми, кем должны быть в Боге, мы сможем создавать больше ресурсов. С другой стороны, если мы сосредоточимся на борьбе из-за мелочей, действуя в условиях нехватки, мы не сможем жить в мире. Все войны ведутся за ресурсы: просто один человек убеждает другого в том, что ему их недостаточно. Поэтому люди готовы умереть, чтобы получить больше. Когда-то нас также убедили, что заканчивается золото. И тут же не заставила себя ждать новость, что где-то нашли ещё больше золота, чем добывали раньше.

Мы должны мыслить с той точки зрения, что нам доступно больше, чем когда-либо прежде, и применять этот принцип в своей личной жизни. Нужно спросить себя, с какой позиции мы действуем: с позиции недостатка или с позиции изобилия? От нашего ответа зависит наше душевное благополучие. Давид сказал: «Я действую с позиции изобилия, с позиции того, что Бог – мой пастырь, полный благословений, и Он высвобождает их мне». Всё, что делает Бог, призвано показать нам, что мы на самом деле являемся кандидатами на воплощение процесса изобилия.

Псалом 22:6. «Несомненно, благость и милость будут сопровождать меня во все дни жизни моей».

Несомненно	אַ יְ (ах)
Благость	טוֹב (вв)
Милость	וָחֶ סד (ва-че-сед)
Пойдёт за мной	יִ רְ דפוּנ י (йир-де-фу-ни)
Все дни моей жизни	כָל־ יְמֵ יִ חַי (коль йемей хайя)

Структура этого текста такова, что первое слово состоит из первых букв имен отцов Израиля – Авраама, Исаака и Иакова.

Слово «Ах» становится «Алеф Йод Йод», то есть Авраам, Ицхак, Иаков. Бог сказал в Исходе 3:6: «Я — Бог Авраама», и это будет Его именем навеки. Иисус повторил это заявление в Евангелии от Матфея 22:32. В еврейской традиции Авраам считается носителем милосердия. Когда Давид говорит: «Несомненно, благость и милость будут сопровождать меня во все дни жизни моей», мы понимаем, что он

Сам Бог – это сама доброта.

имеет в виду Божью благость и милосердие — два ключевых аспекта Его природы. Однако, когда израильтяне молятся, они произносят слова «милости Авраама», считая это вечно текущей рекой с небес, вливающейся в сердца. Это отсылка к Божьей природе, проистекающей через патриарха Авраама и его семени — Исаака и Иакова. Израиль на самом деле является получателем милости. Бог сказал Аврааму, что помилует его род и сделает так, что Его благость пройдет перед ними (Исход 33:19). Бог делает это постоянно. В случае с Давидом это происходило через генетический канал, по которому Бог всё время следовал за ним.

Для нас это происходит через Сына Божьего, Иисуса Христа, который несёт в себе благость и милость Божью.

Добро не может прорасти там, где человек не готов умереть.

Гематрия ах (אָ ' ִ') равна двадцати одному. Два плюс один — три, что является не только числом Бога, но и числом предков Израиля. Поэтому, когда еврей произносит «Авраам, Исаак и Иаков», он на самом деле имеет в виду Бога, потому что это имя, которое Бог взял для себя. Он Бог Авраама, Исаака и Иакова. Товв — это слово, означающее «доброта», и его гематрия равна восьми. Товв начинается с буквы Тет, которая имеет числовое значение девять, и также является числом смерти.

В книге «Зоар» описывается, что однажды эти буквы пришли к Богу, чтобы объяснить, почему именно они должны быть первыми в еврейском алфавите Алеф Бет. Тет тоже пришла к Богу и сказала, что именно она должна быть первой, потому что она — начало Товв. Но ведь и Сам Бог однажды стал смертью. Теперь, если мы задумаемся о доброте, то заметим, что согласно Священному Писанию доброта вытекает из способности умереть. Иисус сказал в Евангелии от Иоанна 12:24: «Истинно, истинно говорю вам: если пшеничное зерно не упадет в землю и не умрет, то останется одно; а если умрет, то принесет много плода» (KJV). Однако идея добра, связанная со смертью, не означает полной гибели и исчезновения. Смерть в данном случае — постоянное умирание для себя, позволяющее прорастать добру. Добро не может прорасти там, где человек не готов умереть. Каждый акт добра подавляет природу зла. Другими словами, каждый раз, когда мы делаем что-то хорошее, в нас умирает нечто, что противоречит Божьей природе. Об этом говорит Павел, когда пишет: «Я умираю ежедневно» (1 Кор. 15:31). Павел умирал для зла, постоянно практикуясь в добрых делах. В еврейском понимании регулярное выполнение мицвот демонстрирует Божью доброту. Обычно, когда мы хотим сделать что-то действительно хорошее, мы сталкиваемся с сомнениями, взвешиваем все «за» и «против», начинаем думать о своих нуждах, о своём положении, о том, во что нам это обойдётся. Но в тот момент, когда мы совершили добрый поступок — мы убили что-то злое в себе. По крайней мере, мы начинаем убивать мышление, основанное на недостатке. И из этой смерти прорастает добро. Нам не нужно искать другой способ распять себя, потому что делать добро это и есть распятие. Распинать себя значит делиться добротой с тем, кто этого не заслуживает, но при этом не нужно проходить через боль того, что ты делаешь в процессе распятия.

> Изобилию верующего нет предела.

Следующее слово — милосердие или «чесед» (חֶסֶד). Первая буква — чет (חֶ) имеет числовое значение 8. На иврите символ «Чет» изображается в виде закрытой двери, к которой нет доступа, пока мы не пройдем инициацию. Символ «Чет» очень похож на символ «Хей» (ה), однако он изображается в виде распахнутой двери из-за того, как сочетаются «Далет»(ד) и «Вав» (וּ), потому «Чет» — это закрытая дверь. В царстве мистерий, чтобы пройти через дверь «Чет», мы должны умереть, что является мистическим посвящением, а не физической смертью. Таким образом, «Чет» — это дверь, которая находится перед тем, кто не посвящен. Тот, кто войдет в закрытую дверь, нуждается в милосердии. Мы не сможем войти, если не будем молиться о милосердии.

Восемь — числовое значение и гематрия «Чет» и «Товв» соответственно. Это указывает на то, что Божья благость становится реальной в нашей жизни и лучше понимается, когда мы посвящены в тайны Бога. Без посвящения в эти тайны мы обычно воспринимаем Божью благость как должное и не понимаем, что Его благость приносит в нашу жизнь тайны небес. В Римлянам 2:4 сказано: «Или пренебрегаете богатство благости Его, долготерпения и терпения, не зная того, что благость Божия ведёт вас к покаянию?» (NKJV).

Покаяние — один из принципов приобщения к тайне Божьей природы, потому что без него мы не можем туда войти. Таким образом, Давид показал, что следование благости — это постоянная возможность приобщения к тайне Божественности.

Тайна Божественности связана с полнотой Бога и Его бесконечными запасами; у Него никогда ничего не кончается. Простая тайна заключается в том, что если мы находимся в Боге, то мы полны Им, потому что благость не относится к какой-то грани, характеризующей Бога, Он Сам и есть благость.

Приобщение верующего к Божьей благости — это приобщение к самой природе Бога. Решившись на доброе дело, мы стоим перед дверью тайны посвящения.

> Бог постоянно устраняет препятствия между вами и Им через кровь Своего Сына, чтобы вы имели постоянный доступ к полноте вашего небесного Отца. Небесного Отца.

Каждый раз, когда мы призваны совершить нечто великое и доброе, мы стоим перед закрытой дверью. Только акт добра может открыть её. Мы стоим перед процессом посвящения в один из аспектов Божественности. Каждый день и каждое мгновение Бог даёт нам возможность пройти инициацию в Его сущность, когда приводит в нашу жизнь неблагополучных людей, делает в чём-то нефункциональной нашу семью, чтобы мы проявляли доброту и помогали людям. Он приходит разными путями, чтобы мы могли понять обширность проявления Его Божественности. Поскольку Бог заинтересован в нашей жизни, Он всегда освобождает место для этих вещей и ставит перед нами дверь возможности, чтобы посвятить нас в тайну какого-то аспекта Своего бытия. Слово, которое переводится как «следовать» — это «йирдефуни» (יְ רדְּפוּנִ י), а его гематрия равна 360. Это число означает прохождение полного круга. Давид говорит, что доброта и милосердие будут следовать за мной и посвящать меня в тайны природы Бога и полноты Его творения. Поэтому, если мы действуем из полноты того, кем является Бог, то есть в Его изобилии, мы всегда оказываемся в месте полноты творения. Мы приходим к полному кругу, который состоит из Его бесконечной благости и милосердия. Когда мы оказываемся в положении недостатка, мы каждый раз можем запустить принцип, который вызывает приток божественного изобилия в нашу жизнь. Возвращаясь к процессу творения в шестом дне, описанном в первой главе Бытия и постоянно действуя в изобилии, мы всегда можем пройти полный круг. Мы должны осознать, что хоть доброта и милосердие преследуют нас, мы не гонимся за ними. Они позади нас, а не впереди.

Они преследуют нас, потому что полнота и изобилие — это переполняющие Бога принципы. Он стремится открыть дверь, чтобы мы могли напитаться всем тем, что Бог приготовил для нас. Гематрия

360 в слове «следовать» означает, что в нашей жизни это переполнение окружает нас в течение всего дня.

Мы живём в мире, который формирует в нас мышление недостатка, и склонны думать, что Бог создал землю, чтобы она иссякла. В действительности же мы можем постоянно возвращаться к Тому, Кто есть полнота. Бог посылает Свою доброту и милосердие, чтобы быть доступным в момент нашей нужды. Каждый раз, когда мы истощаемся, они соединяются мостом для проявления видения из царства божественного в нашу жизнь. Другими словами, на самом деле у нас никогда ничего не кончается, разве что в наших головах. Когда дети Божьи действуют в условиях недостатка, то их первая задача повернуться лицом к Богу. Его полнота никогда не иссякает.

> Бог благословляет вас, потому что Он Бог и потому что вы верите, что Он благословляет.

Последние слова фразы «во все дни жизни моей» — йемей хаяй
כל. ימי, חיי.

«Йемей» пишется как «Йод Мем Йод» и имеет числовое значение 60, что является числом творения. Речь идет о возвращении к моменту сотворения человека и использовании принципов сотворения для переформулирования, исправления, обновления, прокручивания и перенаправления нашей жизни. Гематрия слова «хаяй» равно десяти: Чет (8), Йод (10), Йод (10) равняется 28. При сложении двойки и восьмерки получается десять.

Псалом 22 начинается с цифры 3, это число патриархов — Авраама, Исаака и Иакова. Заканчивается он числом 10 — принципом творения. Давид говорит о том, что он действовал в полноте обетования, данного Аврааму, Исааку и Иакову. Он действовал как человек, постоянно стоящий перед дверью божественной тайны. Дверь закрыта, но мы всегда имеем доступ к ней благодаря тому, что находится за ней — благости и милосердию. Таким образом, мы имеем доступ к двери Божественной тайны, но дверь может открыться не всем, кто подходит к ней, и не каждый становится посвящённым. Тот, кто подходит к этой двери, но не знает Бога Авраама, Исаака и Иакова, может ничего не получить.

Доброта и милосердие Божье будут преследовать нас и определять наше будущее. Всё, что мы оставляем позади себя, приближает то, что произойдет с нами в будущем. Поскольку Бог не хочет, чтобы нас что-то тяготило, Он посчитал Своим долгом прощать нас всегда. Бог не желает, чтобы нас настигало ещё хоть что-то, кроме Него. Когда Давид согрешал, он не говорил о себе так: «Боже мой! Все мои грехи преследуют меня! Что же мне делать?» Он утверждал: «Конечно, Твоя доброта и милосердие преследуют меня». И это было каждое мгновение. Далее Давид говорил, что эти блага будут преследовать во все дни его жизни, фактически до могилы. Если доброта и милосердие Божьи преследуют нас во все дни нашей жизни, которая не заканчивается после смерти, то они станут делать это и на том свете. Когда верующие умирают в этом мире, они не уходят в прах, они уходят в новую жизнь, и Бог следует за нами даже в могилу. И по ту сторону царства Божья благость и милосердие продолжат преследовать нас и будут делать это вечно. Божья доброта и милосердие, продемонстрированные на примере Авраама, Исаака и Иакова, всё ещё живы и в том числе для их потомков. Иисус, выразив эту истину, сказал, что Бог не есть Бог мёртвых, но Бог живых (Лк. 20:38). Поскольку изобилию милосердия и благости нет конца, они будут гнаться за нами вечно, верующим не позволительно бояться начинать всё сначала.

Несмотря на это мы склонны думать, что изобилию может прийти конец, и поэтому продолжаем жить в недостатке. Из-за того, что мы постоянно думаем об этом, мы перестаем жертвовать. Беспокойство за будущее не дает нам двигаться в сторону удовлетворения потребностей других. Не думая с точки зрения потока изобилия, мы считаем, что пока мы не обеспечили самих себя, у нас никогда не будет достаточно средств, чтобы сделать что-то другим.

«Далет» представляет собой открытую дверь с петлями, а буква «Чет» — закрытый «Далет». Эта символика прослеживается в утверждении Иисуса, когда он сказал: «Я есмь дверь» (Ин. 10:9). Многие темы из 22-го Псалма перекликаются с Евангелием от Иоанна: «Я есмь Пастырь добрый; Я пришёл, чтобы имели жизнь и жизнь с избытком; Я дверь, чрез которую овцы входят и выходят, и находят себе пажити». Давид говорил нам, что Псалом 22 должен стать гимном верующего.

Когда я только стал христианином, в каждой церкви, куда я ходил, читали две молитвы «Отче наш» и «Господь — пастырь мой». Пока Господь не повелел мне изучить 22-ой псалом, я и не понимал, что он должен стать мантрой. Бог — это воплощение изобилия, переполненного изобилия, гиперизобилия, сверхъестественного изобилия! Он говорит нам: «Я ношу изобилие и преследую вас им. Когда вы ставите преграду между Мной и вами, Я использую кровь Моего Сына для удаления преграды и получения постоянного доступа, чтобы изливать на вас Кровь. Я хочу благословить вас. Я хочу наполнить вас Своей благостью. У Меня нет никаких проблем, которые мешали бы Мне благословить вас. Конечно, благость и милость будут сопровождать вас во все дни вашей жизни — как земной, так и вечной».

Мы те, кто знает, что Бог действует в нашей жизни так, как действовал Адам в райском саду, и мы находимся в центре Божьего внимания. Замысел Бога в отношении Его детей состоит в том, чтобы постоянно приводить нас в положение полного обеспечения, которое имел Адам в Эдеме, где не было ни греха, ни недостатка. Рождение свыше — это способ, которым Бог возвращает нам это положение. Если наш грех остается проблемой, значит, Иисус умер напрасно. Всё, что нам нужно сделать — это придти к Нему, к Его крови. Кровью Своего Сына Бог всегда устраняет то, что является преградой между нами, чтобы мы имели постоянный доступ к полноте нашего Небесного Отца. Сейчас между Ним и нами нет ничего, что могло бы нас сдерживать. Действовать из сердца Отца — места полного обеспечения для нас — это невероятная жизнь. Бог продолжает стремиться к нам, чтобы мы проявили всю полноту того, кто Он есть. Аминь.

Иисус сказал нам, что Он — дверь и добрый пастырь, который пасёт овец и ягнят, и что Он пришёл, чтобы мы имели жизнь и имели её с избытком. Он — дверь, через которую мы можем входить и выходить, чтобы найти пастбище. Если причиной того, что Бог не благословляет нас, являются наши недостатки, то мы должны объяснить, почему Бог благословляет неверующих. Мы должны отказаться от такого мышления. Ходить праведно по-прежнему важно, но это не причина, по которой Он благословляет нас. Бог благословляет нас потому, что Он — Бог, и потому что мы верим, что Он благословляет нас. Библия говорит так: «Без веры угодить Богу невозможно», но не говорит «с грехом или без греха» угодить Богу невозможно (Евр. 11:6). В этом месте Писания Бог намеренно использует слово «вера», потому что именно верой мы получаем прощение, исцеление и доступ к Богу. Вера — это личность Христа Иисуса. Он — та дверь, от которой мы не можем убежать. Если мы будем понимать это, то сможем действовать в изобилии каждый раз, когда делаем что-то хорошее. И когда мы верим Богу, мы открываем дверь тайны. Эта дверь следует за нами повсюду. Нам не нужно искать её, она сама идёт за нами, и это дверь добра и милосердия. Аминь.

Приложение А:
Древнееврейский Алеф бет

Буква	Наименование	Числовое значение
א	Алеф	1
ב	Бет	2
ג	Гимель	3
ד	Далет	4
ה	Хей	5
ו	Вав	6
ז	Заин	7
ח	Чет	8
ט	Тет	9
י	Йод	10
כ	Каф	20
ל	Ламед	30
מ	Мем	40
נ	Нун	50
ס	Самех	60
ע	Айин	70
פ	Рау	80
צ	Цаде	90
ק	Коф	100
ר	Реш	200
ש	Шин	300
ת	Тав	400

ОБ АВТОРЕ

Адония Окечукву Огбоннайя (BA, MATS, MA, Ph.D. — бакалавр, магистр и доктор наук) — основатель AACTEV8 International, апостольского служения Царства, которое работает с Телом Христовым по всему миру для завоевания душ, ученичества, обучения и оснащения святых в тайнах Царства и жизни в Царстве. Доктор Огбоннайя (известный также как А. Окечукву или «Доктор О») начал проповедовать Слово Божье в 1970-х гг. в подростковом возрасте. Он служил в качестве миссионера, основателя церкви, пастора и преподавателя.

Доктор Огбоннайя посетил более 25 стран Азии, Африки, Европы, Северной и Южной Америки, проповедуя Евангелие Иисуса Христа. Он видел, как Бог совершает различные знамения и чудеса, как и обещал в Евангелии от Марка 16:1-17: слепые прозревают, глухие слышат, хромые ходят, мёртвые воскресают, бесплодные рожают, жизни преображаются и умы обновляются. Он сосредоточил своё внимание на том, чтобы помочь верующим приобщиться к духовной реальности, которая открылась им в лице Господа Иисуса Христа.

Уроженец Нигерии (Западная Африка), он еврей по национальности. Получил степень «Доктор философии, магистр богословия и личности», а также степень магистра религии в Клэрмонтской школе богословия. Он получил степень магистра богословия в Западной евангелической семинарии и степень бакалавра религии в христианском колледже Хиллкрест в Канаде. Он также имеет степень доктора философии в области бизнес - изданий.

Он является автором многочисленных лекций, которые можно найти на сайте: www.aactev8.com.

Доктор Огбоннайя женат, его супругу зовут Бенедикта (служит пастором), они имеют четырех замечательных детей и внуков.

Сердце Небес для Земли

Seraph Creative — это коллектив художников, писателей, богословов и иллюстраторов, которые хотят видеть, как Тело Христово возрастает в полную зрелость в своем наследии Сынов Божьих на Земле.

Подпишитесь на нашу рассылку, чтобы узнать о выходе следующей книги в серии, а также о других интересных релизах.

Посетите наш сайт:

www.seraphcreative.org

www.ingramcontent.com/pod-product-compliance
Lightning Source LLC
Chambersburg PA
CBHW051554120626
46551CB00013B/1511

* 9 7 8 1 9 6 4 9 5 9 0 2 3 *